Michèle Richard

LES ÉDITIONS 7 JOURS
Une division de Trustar Ltée
2020, rue University
20ᵉ étage, bureau 2000
Montréal (Québec)
H2A 2A5

Directrice des éditions : Annie Tonneau
Recherches et rédaction : Éric Pier Sperandio, Francine Boisvert
Révision : Camille Gagnon
Correction : Corinne de Vailly, Roger Magini, Marie-Suzanne Menier,
    Catherine Calabretta
Conception graphique et mise en pages : Jean Yves Collette
Maquette de la couverture : Laurent Trudel
Photo de la couverture : Pierre Dionne
Photos de l'intérieur : Pierre Dionne, Daniel Poulin, Daniel Auclair, Pierre Dury
Photo avec Puppy : *La Voix de l'Est*
Maquillage avec les produits Lise Watier
Coiffure de la page couverture : Yves Pedneault, de chez Alvaro coiffure
Coiffure de l'intérieur : Jean-Claude Quévillon, René-Jacques Robidoux, Alvaro
Vêtements de la page couverture : Joseph Ribkoff international
Vêtements de l'intérieur : Michel Robichaud, Michel Desjardins, Angela Bucaro,
    Joseph Ribkoff international
Relations de presse : Carol Girard

Dépôt légal : troisième trimestre 1995
Bibliothèque nationale du Québec
Bibilothèque nationale du Canada
ISBN 2-921221-36-5

Michèle Richard

Être belle à 50 ans
Tous mes secrets

LES ÉDITIONS 7 JOURS

INTRODUCTION

POURQUOI CE LIVRE ?

P ARCE QUE NOUS OCCUPONS LE DEVANT de la scène, que sommes des personnalités publiques, et parce qu'on sollicite notre opinion sur une foule de sujets et de questions, et parce que nos faits et gestes sont répercutés avec force, beaucoup de gens s'imaginent que nous avons réponse à tout. Ce n'est pas le cas. Je me suis posé, et me pose encore, moi aussi, plusieurs questions sur des sujets aussi nombreux que variés. Cependant, parce que j'ai l'occasion de rencontrer beaucoup de gens, de milieux différents, je réussis assez facilement à obtenir les réponses aux questions que je me pose. Tout le monde n'a pas cette bonne fortune, ou cette chance.

J'en ai pour preuve que, depuis des années, les gens me parlent et me questionnent sur mille sujets, sur ma vie privée, bien sûr, mais on me consulte aussi en matière de beauté, de santé ou de mode, bref des thèmes sur lesquels chacun s'interroge un jour. Parfois ce sont des conseils qu'on m'a demandés, parfois aussi des références sur les endroits où trouver des réponses à ces questions. J'ai toujours tenté d'y répondre de mon mieux. Ce n'est pas toujours facile, je dois bien l'admettre.

Aussi, depuis un bon moment déjà, je pensais à la rédaction d'un livre comme celui que je vous offre aujourd'hui et qui expliquerait les motivations qui m'ont animée dans ma vie privée tout autant que professionnelle, qui livrerait, aussi, mille petits conseils ou secrets sur les attitudes que l'on doit avoir vis-à-vis de la vie comme vis-à-vis de soi. Même si je confie, dans ces pages, un tas de choses que je n'ai jamais dites auparavant concernant ma vie d'artiste et de femme, mes amitiés et mes amours, ce n'est pas un livre biographique, puisqu'il a d'abord et avant tout pour objectif de répondre à toutes ces questions qu'on m'a posées et qu'on me pose encore et que j'ai évoquées précédemment.

Je précise que je n'ai pas fait tout ce travail seule. L'éditeur m'a assigné quelques collaborateurs qui m'ont épaulée au niveau de la recherche et de la rédaction, qui ont rencontré nombre de spécialistes, lesquels ont répondu à ces questions que les femmes se posent – que vous vous posez très certainement – et qui ont résumé la substance de leurs réponses dans des textes courts et clairs. Vous trouverez aussi, spécialement dans les première et dernière parties du livre, l'essentiel de ma philosophie de vie que chacune d'entre vous peut mettre en pratique. Une philosophie simple mais qui conduit incontestablement à d'excellents résultats.

Vous le verrez, ce livre est éminemment pratique. Exactement comme je le voulais.

Aussi, s'il devient pour vous le guide ou le conseiller éclairé que je voulais qu'il soit, j'aurai atteint mon objectif.

Michèle Richard

PREMIÈRE PARTIE

UNE PHILOSOPHIE DE VIE

CHAPITRE PREMIER

RIEN NE M'EST
VENU FACILEMENT

UN JOUR, AU COURS D'UN VOYAGE EN Angleterre, j'ai rencontré une femme extraordinaire. Elle possédait une belle propriété, située sur la rive d'un lac, et ce qui était remarquable, c'était la beauté de la plage qui s'offrait à nos yeux derrière la maison. Une plage de petits galets, tous de même taille, qui se prolongeait jusque sous l'eau, et sur laquelle on pouvait marcher et courir sans se blesser aux pieds.

Cette femme, toutefois, était extraordinaire non pas pour cette propriété qu'elle possédait, mais plutôt pour ce qu'elle en avait fait, pour ce qu'elle était, elle. Pendant quarante ans, m'a-t-elle confié, jour après jour, elle était descendue de la maison à la plage, avait choisi un galet sur le terrain rocailleux voisin, et l'avait lancé, au début dans l'eau, puis plus tard sur la terre ferme. La plage avait commencé par un galet solitaire pour, quarante ans plus tard, devenir un endroit merveilleux.

Que de patience, de persévérance, lui avait-il fallu ! Et que de discipline aussi.

Cela m'a fait réaliser, surtout, la justesse des enseignements de mon père, pour qui, justement, la discipline était le maître mot.

Et je me suis un peu reconnue dans cette femme, en raison de cette discipline qu'elle s'était imposée pendant ces quarante années.

S'il me fallait trouver un mot, un seul, pour décrire aujourd'hui ce qui m'a guidée tout au long de ma vie, ce serait celui-là : discipline. Incontestablement. Je reste d'ailleurs intimement convaincue, avec tout le bagage que je possède aujourd'hui, avec aussi ce que la vie m'a appris, que la discipline est synonyme de réussite. Non seulement réussite professionnelle et financière, mais aussi réussite sur le plan personnel – et surtout du bonheur.

Rien ne m'est venu facilement, contrairement à ce que plusieurs pensent ; je ne crois d'ailleurs pas à la facilité. Ceci explique peut-être cela. Je connais des gens, bien sûr, qui pratiquent le même métier que moi, comme d'autres qui en exercent de différents, et pour qui tout semble facile, en ce sens qu'ils paraissent tout faire de façon naturelle, sans effort. Ces gens-là m'épatent, je le dis, parce que, pour moi, c'est quelque chose d'inconcevable.

Dans mon univers, tout doit se mériter. Tout doit se gagner. À coups d'efforts, d'efforts constants, d'efforts soutenus. Le petit galet, soigneusement choisi, qu'on lance quotidiennement dans l'eau en pensant à ce qu'il formera un jour, comme ce souvenir que j'ai rappelé, est un peu à l'image de ces petits efforts que l'on fait tous les jours dans le but d'atteindre un objectif, peut-être lointain, qu'on s'est fixé.

Malheureusement, trop souvent, il suffit de mentionner le mot discipline pour voir les gens faire la grimace, être prêts à s'opposer à ce que vous allez faire ou dire avant même que vous n'ayez fait le moindre geste ou prononcé le moindre mot. Parce qu'à leur esprit discipline évoque automatiquement l'idée d'obéissance. Mais, et voilà ce qui est important : obéissance à qui, à quoi ? La discipline n'est pas uniquement ça ; je dirais même que ce n'est pas foncièrement ça.

LA VRAIE DISCIPLINE, C'EST... suivre des règles de conduite qu'on s'impose soi-même. **Soi-même** – voilà toute la différence. Ce n'est pas à la discipline des autres qu'il faut s'astreindre, mais bien à celle que nous jugeons, chacun, chacune, nous être profitable. Et ce choix-là – cette discipline-là – dépend de nos objectifs, des buts que l'on se fixe dans la vie.

Mais, attention ! Avoir une vie disciplinée ne signifie pas nécessairement avoir une vie ennuyeuse, où tout est calculé, planifié, prévu. Une vie métro-boulot-dodo. Alors, pas du tout ! Je n'ai que très rarement travaillé selon des horaires fixes, je ne fais jamais les mêmes choses chaque jour, je ne mange jamais ni ne me couche à la même heure. Tout cela ne m'empêche cependant pas d'être très disciplinée.

Ne soyez pas (vous non plus) comme les autres !

On me reproche souvent, parfois à mots couverts, d'être différente. Ça me laisse froide. C'est naturel, pour moi, de ne pas être comme les autres ; être comme les autres, voilà ce qui ne serait sans doute pas normal. Je n'ai pas eu une enfance comme on l'entend habituellement, et c'est là, finalement, que tout a commencé ; quand on me montrait du doigt sur le chemin de l'école en murmurant : « Regarde, c'est la fille à Ti-Blanc. À chante à tévé. » Je participais alors, toutes les semaines, à l'émission que mon père animait à la télévision de Sherbrooke ; je chantais aussi quelques chansons au cours des prestations qu'il présentait dans les salles de spectacles et les sous-sols d'église.

  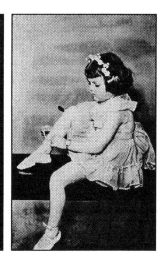

Mon père a commencé à m'inculquer la notion de discipline alors que j'étais toute jeune ; mon attitude et mes poses, sur ces photos, en témoignent bien.

Ma vie était bien différente de celle des autres fillettes de mon âge.

À la maison non plus, ce n'était pas comme dans les autres foyers. La lumière de la cuisine était toujours allumée, par exemple. Mon père rentrait vers les trois ou quatre heures du matin, après avoir joué toute la soirée, et ma mère et lui parlaient jusqu'à l'aube. De la façon dont s'était déroulée la soirée, du public, de la scène, du son qui n'était pas bon mais qu'il allait tenter d'arranger le soir même. À cette heure-là, au début, j'étais naturellement couchée, je dormais, mais curieusement il me semble que je les entendais par la porte de ma chambre laissée entrouverte. Je me dis d'ailleurs souvent que c'est sans doute de cette façon, subconsciemment, que j'ai appris le métier de mon père. Et puis, il y avait aussi toujours plein de musiciens à la maison ; et des répétitions, deux ou trois fois la semaine, auxquelles je participais avec un plaisir non dissimulé.

Comme toutes les petites filles, j'avais bien sûr des poupées, mais je n'ai jamais vraiment eu le temps de les serrer dans mes bras, sinon pour les besoins des photos ; sur la seconde photo, on me voit avec ma perruche – j'aimais déjà beaucoup les animaux. Ces deux photos furent d'ailleurs prises pour un reportage « orchestré » par ma mère.

Je me sentais déjà comme une grande – mieux : on me considérait comme une adulte.

J'avais dix ans.

À l'école, on ne me voyait pas non plus comme une enfant normale. Les religieuses, qui nous enseignaient, disaient aux autres enfants de ne pas me parler, car j'étais une enfant du diable et – évocation combien imagée des soirées passées dans les hôtels enfumés avec mon père – que mes vêtements sentaient l'enfer ! Mais bien peu des fillettes de l'école obéissaient à leur recommandation, elles n'étaient que trop intéressées à m'entendre raconter de vive voix les histoires et les anecdotes touchant les vedettes de l'heure. Je leur racontais où j'étais allée chanter, le Montréal *by night,* que j'avais rencontré Paolo Noël et Michel Louvain, qu'ils étaient même venus à la maison manger de la tarte au sucre. Plus tard, lorsque j'ai enregistré mes premiers disques, il m'arrivait d'en échanger des exemplaires contre un devoir de comptabilité ou d'une autre matière que je n'avais pas eu le temps de faire.

Quant à mes relations avec les religieuses, elles n'étaient pas aussi difficiles que le laisseraient croire ces phrases. Pour une raison bien simple, elles aussi aimaient la chanson populaire, et particulièrement durant le temps des fêtes alors que je leur interprétais, parce que j'en connaissais naturellement les paroles, toutes les chansons qu'elles voulaient entendre... en échange de trois étoiles dans mon cahier de devoir, bien sûr.

J'étais déjà une très bonne négociatrice.

Malgré l'expérience que je prenais à l'extérieur de l'école et qui me donnait un avantage certain sur les autres adolescentes de mon âge, et qui faisait aussi de moi une fillette différente, je menais somme toute une vie ordinaire. Car, mis à part le métier et la popularité de mon père, mis à part l'implication de ma mère dans sa carrière, nous formions une famille tout ce qu'il y a

À mes tout débuts, à dix ans, avec mon père.

de plus normal. Nous ne vivions pas dans l'opulence. Mes parents m'enseignaient la même chose que tous les parents de l'époque inculquaient à leurs enfants, les mêmes valeurs, les mêmes devoirs, la même importance accordée au travail, à l'argent. La nécessité et la valeur de l'effort.

Cependant, contrairement aux autres filles de mon âge, j'avais l'occasion de mettre en pratique toutes ces notions qui, habituellement, représentent peu de choses dans l'esprit d'une enfant. À dix ou onze ans, mon père a commencé à me laisser l'argent que je gagnais ; c'était bien peu au début, vingt-cinq cents par soir, puis un dollar, puis deux dollars – et c'est mon père qui payait toutes mes dépenses. J'ai ensuite gagné cinq dollars la soirée, puis vingt-cinq dollars ; oh ! que je me considérais riche ! J'avais également un à-côté : pendant les entractes des spectacles de mon père dans les théâtres de l'époque, je vendais des photos souvenirs, de mon père, des musiciens, de moi. Comme ces pauses ne duraient que quinze minutes, il fallait bien connaître la technique : je commençais sur le côté, près des sorties de secours, mais vis-à-vis des rangées situées près de la scène – ce sont toujours les meilleurs *fans* qui sont assis là – et je me dirigeais rapidement vers l'arrière de la salle. Toutefois, l'endroit par excellence, c'était près de la machine à *pop-corn,* le dimanche soir. Tous les jeunes coqs du village se tenaient là et, devant les autres, pour leurs petites amies, ils ne pouvaient refuser d'acheter une photo – quitte à dépenser leur dernier vingt-cinq cents ! Les bons soirs, je vendais pour pas moins de soixante-quinze dollars de ces photos à vingt-cinq cents, et ce, en quinze minutes.

UN TRUC !

C'est là que j'ai mis en pratique une des premières choses que mon père m'ait apprises. « Lorsque tu veux vendre quelque chose à quelqu'un, m'avait-il dit, il ne faut jamais que tu baisses les yeux : tu lui offres ce que tu as à lui offrir, tu le regardes dans les yeux et tu attends une réponse, c'est tout. Mais attention, ne jamais, jamais baisser les yeux, sinon sois convaincue que jamais il n'achètera. »

J'ai appris très rapidement.

CHAPITRE DEUX

AGIR, FONCER...

J'ai treize ans sur ces photos. J'adorais écouter de la musique, Annie Cordy, Lyne Renaud ou Dalida, pour ne nommer qu'elles. Quant à ces fameux patins, je ne les ai guère portés ailleurs qu'en studio, par manque de temps.

DANS BIEN DES CAS, J'AI PLUTÔT AGI par instinct. Bien entendu, en vieillissant, je fais des choix plus réfléchis, ce pendant cela ne m'empêche pas de me considérer comme une femme d'action, de décision, plus que de réflexion. Lorsqu'il me faut prendre une décision ou faire un choix, je n'hésite jamais longtemps. J'analyse rapidement la situation, et je vais de l'avant. Je ne reviens jamais en arrière, je me rends jusqu'au bout. Même quand je réalise n'avoir peut-être pas pris la bonne décision, je ne renonce pas et, à force d'efforts et de détermination, je parviens quand même, généralement, même si c'est plus long et difficile, au résultat que je visais. Des gens qui me connaissent bien me font remarquer que je pourrais faire autrement. Je le sais. Mais je suis comme je suis, et force m'est de constater que, habituellement, les choses pour lesquelles je me suis le plus cassé la tête sont celles dont les résultats ont été les plus positifs.

Même si tout semblait m'orienter irrémédiablement vers une carrière de chanteuse, et que, un peu malgré moi, j'apprenais à gagner ma vie, il n'était pas question, pour mes parents, que j'abandonne l'école, même s'ils souhaitaient effectivement que je suive les traces de mon père. Après la petite école, ce fut le collège, où je suivis un cours commercial : sténodactylo, français, anglais et tout le reste.

Le changement important, celui qui allait donner une orientation définitive à ma vie, survint dans ma quinzième année. S'il m'arrivait à cette époque d'aller à Montréal, ce n'était jamais plus que pour un jour ou deux, pour participer à des émissions de radio ou de télévision. Aussitôt les émissions terminées, je revenais à Sherbrooke en autobus, parce que je n'avais pas encore d'automobile. Non pas que je n'avais pas d'argent pour en acheter une, mais plutôt parce que mes parents me jugeaient encore trop jeune pour conduire.

Cette année-là, je reçus une offre pour chanter au Casa Loma, l'un des cabarets les plus connus et les plus fréquentés de Montréal ; on m'offrait six cents dollars pour une semaine de spectacles – c'était une somme faramineuse pour l'époque, alors imaginez ce que ça pouvait représenter pour une jeune fille de quinze ans ! Mon père qui n'avait jamais touché un tel cachet, était torturé à l'idée de me laisser partir pour la grande ville. D'une part, je n'avais que quinze ans et, d'autre part, il savait qu'il aurait été déraisonnable de refuser une telle offre. Je me rendis compte aussi, mais beaucoup plus tard, que cette séparation avait dû être d'autant plus déchirante qu'elle lui avait fait réaliser que je commençais à voler de mes propres ailes et que, dorénavant, je n'aurais sans doute plus besoin de lui. Malgré le chagrin que lui a certes causé cet éloignement (tout être humain éprouverait des sentiments semblables), il n'a pas cherché à m'empêcher de prendre ma route.

J'ai quinze ans, je fais mes premiers pas sur la scène montréalaise.
Voici mes premières photos affichées en vitrine du Casa Loma.

Si j'ai choisi cette carrière, ce fut d'abord pour répondre aux attentes
de ma mère, qui rêvait d'une carrière très glamour pour moi.
Vingt ans séparent ces deux photos.

Je suis donc partie pour Montréal, où j'ai loué ce qui allait être mon premier appartement, du genre salon double à colonnades où une partie faisait chambre à coucher et l'autre, salon-dînette. La location ne me coûtait que quinze dollars par semaine, une somme tout de même relativement importante au milieu des années soixante, mais j'étais convaincue qu'elle ne me ferait pas problème. J'aurais pu me louer quelque chose de plus luxueux, de plus cher, mais j'avais déjà assimilé les conseils de mon père, qui m'avait dit et répété de ne jamais dépenser ce que je n'avais pas et, également, de toujours débuter tranquillement et, plutôt que de dépenser à gauche et à droite, d'économiser en prévision de périodes difficiles, de coups durs. C'est aussi à compter de ce moment-là, presque laissée seule à moi-même – presque, parce que j'étais tout de même sous la surveillance discrète de ma mère – que j'ai commencé à m'occuper vraiment de tous les aspects de mon métier : du choix des chansons à la création de mes costumes, en passant par la négociation de mes contrats.

Comme on le devine, après mon premier engagement à la Casa Loma, j'ai continué à demeurer à Montréal, où les engagements, sur le plan professionnel, se sont enchaînés. Je continuais toutefois à me rendre à Sherbrooke, moins souvent bien sûr, mais j'y allais tout de même tous les mardis, notamment, alors que je participais à l'émission de télévision qu'animait mon père. Ma mère faisait aussi souvent la navette entre Sherbrooke et Montréal puisqu'elle venait passer au moins deux jours par semaine avec moi. Ce va-et-vient continuel était, je l'avoue, un peu fastidieux. D'autant plus que je n'avais plus vraiment besoin de participer à l'émission de mon père pour me faire connaître. Toutefois, puisqu'il insistait, je revenais chaque semaine à Sherbrooke pour cette émission. Je n'ai compris que plus tard que c'était sa façon à lui, sans jamais qu'il ne me le dise ouvertement, de m'obliger à m'astreindre à la discipline. Ce fut l'une des meilleures leçons qu'il m'ait données.

Cette période, en quelque sorte de transition, a duré environ deux ans. Ma carrière allait alors prendre son essor pour ne plus s'arrêter.

Qui suis-je ?

Si je rappelle ces souvenirs, ces événements, c'est pour tracer un portrait fidèle de ce qu'ont été mes débuts, comment, déjà toute jeune, j'ai été amenée, par les enseignements de mon père et l'expérience des années, à me forger une personnalité et un caractère volontaires et entiers.

Je ne rapporterai pas ici tous les détails de ma vie privée ni ceux qui ont marqué ma carrière, puisque ce n'est pas le propos de ce livre. Ça ne m'empêchera pas toutefois, au fil des pages, de rappeler quelques souvenirs, certains heureux, d'autres moins, qui resteront cependant fidèles à l'esprit qui a inspiré la publication de ce livre et dans lequel je souhaite transmettre au lecteur une façon de vivre. Et je crois, du moins je l'espère, que mes propos pourront en inspirer plusieurs et contribuer à un meilleur équilibre et à une meilleure harmonie dans leur vie au quotidien.

Je suis une femme heureuse, autant qu'un être humain puisse l'être dans ce monde où les événements ne peuvent que nous faire frissonner de douleur, de rage ou parfois même de honte. Être complètement détaché de ces situations extérieures, de ces conflits et de ces malheurs qui s'abattent sur bien des coins de notre planète serait d'une inconscience que je me refuse à assumer. C'est d'ailleurs pour cette raison, entre autres, que je profite de tous les instants de bonheur qui me sont offerts sur tous les plans de ma vie, amoureux, social, professionnel, un bonheur devenu plus complet depuis que j'ai franchi le cap des quarante ans.

LE POINT

Pour moi, comme pour de nombreuses femmes, la quarantaine fut un point tournant. J'ai vécu de grands changements, de grandes transformations. J'ai mieux choisi mes amis, j'ai éliminé des gens de mon entourage ; j'ai aussi commencé à fréquenter des hommes plus mûrs et avec une personnalité et un caractère plus affirmés, capables de mieux me tenir tête. C'est aussi à ce moment-là, pour la première fois de ma vie, que ma carrière ne prenait plus le pas sur ma vie privée, sur ma quête du bonheur.

Dire tout cela peut paraître étrange à certains parce que ça ne correspond sûrement pas à l'image que beaucoup – peut-être même vous ? – se font de moi. Mais sachez qu'il existe une différence fondamentale entre ce que je suis – ce que j'ai toujours été – et l'image qui a été alimentée et manipulée par les médias. Une image sur laquelle, d'ailleurs, je n'ai aucun contrôle, sauf en de rares occasions où je collabore volontairement à un reportage. À ces moments-là, je m'implique intensément, dans la supervision du reportage comme dans le choix des photos afin que tout soit comme je le désire. Le reste du temps, dans la majorité des cas d'ailleurs où paraissent des articles à mon sujet, ce sont de tierces personnes, directeurs de journaux, journalistes, animateurs radio, qui décident ce qu'ils diront ou feront de Michèle Richard. Mais cette Michèle Richard, ce n'est plus moi, elle n'est qu'une image que les médias travestissent et dont ils se servent à satiété pour des raisons strictement commerciales.

Je comprends aisément que le public puisse considérer qu'il y a là un excès. Je partage le même sentiment ; je me passerais volontiers de ces manchettes à sensations qui, par exemple, quatre ans après mon mariage, semaine après semaine, mois après mois, reviennent sur le sujet en inventant à qui mieux mieux des nouvelles aussi fausses que farfelues. Et que dire quand on a parlé pendant quatre ans de la couleur de mes cheveux que j'avais modifiée – incroyable, non ? Je pourrais encore citer des tas d'exemples du genre.

Croyez-vous vraiment que je puisse être d'accord avec ces abus ? Allons donc ! Je ne crois pas du tout en la valeur de ce proverbe populaire qui dit : « Parlez-en en bien ou en mal, mais parlez-en ». Cela va tout à fait à l'encontre de mes principes et me fait même frémir rien que de penser à tous les abus que cela permet.

Mais je ne peux malheureusement rien y faire, sinon subir et... vivre avec.

Il n'empêche que c'est cela qui fausse l'image, la perception que les gens se font de qui je suis réellement. Le public voit les gestes que je pose, entend les paroles que je prononce, mais personne ne sait vraiment les raisons qui m'ont incitée à agir comme je le fais ou à dire ce que je dis. C'est pourtant l'essentiel, mais aux arguments rationnels, beaucoup de journaux préfèrent le sensationnalisme...

Question de respect

Je me considère toutefois privilégiée dans ma relation avec le public parce qu'il m'a toujours appuyée, soutenue, tant sur le plan professionnel que personnel. Cette vie privée d'ailleurs a été tellement publique que les gens en connaissent beaucoup de choses. Et puis les gens me suivent depuis des années, que dis-je ! des décennies. Pour les plus âgés, ceux qui se souviennent de l'émission de télévision qui me faisait entrer dans leur salon tous les mardis alors que j'étais toute jeune, je suis un peu une enfant de la famille ; pour beaucoup d'autres, ceux de mon âge avec qui j'ai vieilli, je suis quelqu'un de familier, une connaissance de longue date. D'ailleurs, cela paraît dans la façon dont les gens m'abordent sur le trottoir. Les gens ne me vouvoient pas, ils me tutoient ; ils ne sont pas gênés, ils me parlent de tout et de rien comme s'ils parlaient à une amie de longue date. Et pour cause, je suis comme une grande sœur, une amie fidèle pour eux.

L'appui de tous ces gens, du public en général, a toujours été formidable, et je continue à y accorder une très grande valeur. Par exemple, je n'oublierai jamais comment les gens ont pleuré avec moi lorsque mes parents sont décédés. Dans ces moments difficiles, cet attachement est un véritable tonique.

Si les gens ne peuvent pas toujours faire la part des choses, ils ne manifestent pas moins, à mon égard, des sentiments flatteurs. Ainsi, lorsqu'est née la rumeur que les choses n'allaient pas entre mon mari et moi, que nous étions au bord du divorce (remarquez bien que pendant pas moins de trois ans on a brodé sur le sujet !), les gens m'abordaient dans la rue, émus, tristes même, pour me dire qu'ils aimeraient tellement me voir heureuse. Je ne pouvais leur dire autre chose que de ne pas croire ce qu'ils pouvaient lire ici ou là, que j'étais effectivement heureuse. Je n'ai pas tenté de démentir, c'est là un autre principe qui m'habite : ne jamais démentir ces folles rumeurs lancées par les uns ou les autres. Le faire, c'est leur accorder une importance qu'elles ne méritent pas, leur donner une crédibilité qui leur fait défaut. Pour moi, la meilleure façon de prouver que toutes ces nouvelles ne valaient pas le papier sur lequel elles étaient écrites était de me montrer épanouie et sereine, belle intérieurement comme extérieurement. Ça, c'est une preuve concrète de mon bonheur, beaucoup plus forte que n'importe quel mot.

*La photo préférée de mon père ; il l'a d'ailleurs conservée,
tout au long de sa vie, au-dessus de son bureau.*

CHAPITRE TROIS

SE CONNAÎTRE ET...
PENSER À SOI

CEPENDANT, JE DOIS L'ADMETTRE, CE n'est pas du jour au lendemain que j'ai réussi à vivre en harmonie avec moi-même. Pendant longtemps, je ne parvenais pas à tracer la limite entre Michèle Richard, la chanteuse, l'artiste, et Michèle Richard, la femme. La première prenait toujours le pas sur la seconde. Ma carrière était la seule chose qui comptait, souvent au détriment de ma vie privée. Ce n'est qu'à partir de quarante ans que j'ai vraiment trouvé l'équilibre que j'avais toujours cherché. À partir de ce moment-là, j'ai réussi à démarquer ma vie professionnelle de ma vie privée et à accorder à cette dernière l'importance que je ne lui avais jamais reconnue. Je crois que cela s'inscrit dans une évolution normale, dans l'ordre des choses, d'une certaine façon. Je suis convaincue qu'au moment de franchir le cap de la quarantaine, tout le monde ressent le besoin de faire le ménage dans sa vie. C'est à ce moment-là que j'ai commencé à m'occuper de la femme en moi, à m'attarder à mon avenir.

Je me suis aperçue que j'étais plus vulnérable, que j'avais moins de temps devant moi mais aussi, en même temps, que vieillir pouvait m'apporter beaucoup de choses, de nouvelles choses. Dès lors, j'ai compris pourquoi tant de femmes se préféraient lorsqu'elles avançaient en âge. C'est finalement on ne peut plus logique, car s'il existe de nombreux avantages à être jeune, on ne peut oublier toutes les insécurités qui y sont rattachées et qui provoquent, somme toute, plus d'angoisses que les réalités de ce qu'on appelle l'âge mûr.

SE CONNAÎTRE

Au fil des années, nous apprenons tous, et particulièrement les femmes, à identifier et à accepter nos forces et nos faiblesses et à négocier avec elles. Nous acquérons ainsi une plus grande sinon une nouvelle confiance en nous-mêmes.

Parce que c'est à ce moment-là que nous apprenons aussi, plus simplement, à nous connaître, à avoir du respect pour nous-mêmes, à penser à nous-mêmes.

Si l'on avance en âge, cela ne signifie pas pour autant qu'il faille accepter de vieillir en esprit. D'ailleurs, c'est quelque chose que je refuse absolument. À l'instar de toutes les femmes, probablement, je souhaite rester jeune le plus longtemps possible, mais rester jeune, pour moi, ce n'est pas seulement préserver ou conserver une certaine beauté ou une certaine apparence, c'est aussi et surtout chasser les vieilles habitudes ; c'est être énergique, tolérante, généreuse et... amoureuse. C'est avoir de l'humour, être capable de se moquer de soi. Bref, c'est avoir de la personnalité. Bien sûr, sauf exception, il faudra cependant oublier cette compétition sur le plan physique avec les jeunes filles de vingt ans. Mais en contrepartie, nous devons reconnaître que nous connaissons la vie et nous savons que notre apparence et notre allure sont suffisamment affirmées pour relever n'importe quel défi. Nous avons acquis une confiance en nous qui nous permet de faire face à n'importe quel changement, à n'importe quelle situation. À condition, bien entendu, que l'on alimente correctement cette confiance.

Je n'ai sans doute pas toujours eu cet équilibre que j'ai aujourd'hui, mais cela ne m'a pas empêchée, tout au long de ces années, d'apprendre à vraiment me connaître, à reconnaître mes bons et mes... moins bons côtés, à découvrir ce qui pouvait être contrôlé et ce qui échappait au contrôle. Chaque femme, à mon avis, devrait prendre le temps de s'analyser. Pour pouvoir se fixer des buts, des objectifs, il faut savoir où l'on en est. Il faut se demander : quelles sont les forces et les faiblesses de mon état d'esprit, de ma volonté, de ma santé ?

Il faut aussi éviter de se reprocher ses erreurs, de sombrer dans une autocritique dévastatrice. Croyez-moi, j'ai commis plus que mon lot d'erreurs, mais lorsqu'on ne les commet pas une seconde fois et que l'on s'en souvient, elles nous sont profitables. Pour ma part, je n'ai aucune gêne à avouer que c'est à elles que je dois d'avoir progressé, évolué.

Il ne faut pas craindre de repartir à zéro, si c'est nécessaire, si cela semble la seule voie, et quel que soit notre âge. C'est en réagissant, en agissant, en travaillant – et seulement de cette façon – qu'on peut se préparer un avenir heureux et bénéfique.

Bien sûr, je le sais, et vous le savez aussi : jour après jour nous prenons de l'âge, nous vieillissons. Mais cela ne veut pas dire que nous devons nécessairement devenir vieux : il suffit de décider fermement et résolument d'emprunter une nouvelle route, et rien alors ni personne ne saura nous empêcher d'atteindre les buts que nous nous sommes fixés.

LA DISCIPLINE, TOUJOURS LA DISCIPLINE...

La discipline, vous disais-je aux toutes premières lignes. Vous comprenez maintenant pourquoi c'est si essentiel pour moi ? Parce que, pour réaliser n'importe quel changement, il faut de la discipline. Il faut vouloir, puis faire les efforts que cela exige.

Vivre... c'est accepter les compromis

J'ai toujours économisé en prévision des coups durs, comme je l'ai souligné auparavant. Et si je l'ai fait, c'était pour ne pas me voir contrainte de faire des choses que je n'aurais pas voulu faire, mais que j'aurais été obligée d'accepter si j'avais eu besoin d'argent. Si je m'étais retrouvée en position difficile, j'aurais peut-être été obligée d'aller chanter là où je ne voulais pas aller. Cela s'applique à n'importe quel métier, dans tous les domaines de notre vie. Beaucoup de nos choix dans la vie sont motivés par des questions financières.

Pour atteindre une situation convenable, un niveau de vie intéressant, il faut accepter de faire plein de compromis, mais la vie n'est-elle pas faite essentiellement de compromis ? Ce n'est qu'en prenant de l'âge qu'on finit par accepter cette vérité comme un fait incontournable. Pourtant, c'est en partant de cette vision saine, réaliste, que nous pouvons nous diriger vers les objectifs que nous nous fixons. Je ne dirai pas que j'ai assimilé cette évidence plus tôt que d'autres, mais je peux dire que je la vivais.

Oui, j'ai fait mon lot de compromis pour atteindre cette qualité de vie dont je jouis aujourd'hui. De quinze à trente-cinq ans, je n'ai fait que travailler, travailler et travailler encore. J'ai parcouru des milliers et des milliers de milles au volant de mon automobile, je me suis rendue dans les coins les plus reculés de la province. J'ai passé des dizaines et des centaines de jours dans des valises et des chambres d'hôtel, des chambres que je jugeais toujours trop chères ; j'ai mangé plus de repas sur le pouce que personne n'en mangera sans doute. Surtout, je n'ai pas vécu d'adolescence ; j'ai sauté bien des étapes. Je ne me suis jamais fait embrasser par un *chum* au restaurant du coin – mon premier *chum* a été mon premier amant. Il y a bien des choses que je n'ai pas connues. Oui, je peux vraiment faire et réaliser ce que je veux aujourd'hui... Mais quel prix cela m'a-t-il coûté ? Est-ce que je le regrette ? Je dirai non, simplement. J'ai vécu ce que j'avais à vivre et je ne m'en porte pas plus mal aujourd'hui. Alors, m'attarder au passé et nourrir des regrets ne me donneraient strictement rien. Ce qui est fait est fait. Ça ne m'empêche pas cependant d'y puiser les leçons qui me permettent, encore maintenant, de continuer à aller de l'avant.

Je peux me souvenir, je ne crains pas les souvenirs, mais je ne vis pas dans le passé. Je ne veux pas penser non plus aux regrets que je pourrais avoir. Pour moi, l'important est le présent. Et l'avenir, surtout. J'ai déjà en tête des projets pour les vingt prochaines années !

Parce que là, dans ma tête, dans mon âme, je suis restée une petite fille. Sauf que les jouets et les rêves sont devenus plus gros, plus importants ; ils sont grandeur nature, et je suis en mesure d'en concrétiser plusieurs.

Les leçons de mon père

Mon père a eu une influence considérable sur ma vie, tout le monde le sait. D'ailleurs, non seulement je ne m'en cache pas mais j'en parle volontiers. Si c'est si important pour moi, c'est que je dois tout à mon père. Je lui dois d'être comme je suis. Il m'a inculqué ces principes et cette ligne de conduite qui ne changent jamais à travers mes choix de vie. Oui, c'est lui, vraiment, qui m'a tout appris, sans jamais me dire quoi faire mais en prêchant par l'exemple. J'ai toujours été très proche de lui, non seulement parce qu'il me montrait le métier ou que je participais à ses spectacles, non seulement parce que nous avons parcouru, au propre comme au figuré, une longue route ensemble, l'un à coté de l'autre, mais parce qu'il y avait du respect et de l'amour dans notre relation.

Le respect, c'était avant tout, pour lui, me laisser la plus grande liberté possible. À dix ou onze ans, par exemple, il me laissait déjà mes cachets, il me laissait gérer mes affaires ; j'achetais mes vêtements avec mon propre argent. Du moment où il m'a re-mis mes premiers salaires, et il importait peu que je sois jeune, je devais assumer mon autonomie. J'aurais pu gaspiller le peu d'argent que je gagnais. J'ai fait le contraire. J'y regardais à deux fois avant de dépenser quelques dollars pour acheter quoi que ce soit pour un spectacle ; et s'il m'arrivait d'oublier mes lunettes de soleil quelque part, je retournais les chercher... J'ai toujours vécu avec parcimonie. Parce que je connaissais – et je connais encore – la valeur de l'argent. C'est ce que j'avais toujours vu mon père faire, et non ce qu'il m'avait dit de faire.

La plus grande qualité que mon père possédait était justement cette liberté qu'il laissait aux autres ; jamais il ne disait à quelqu'un quoi faire. Il ne me l'a jamais dit non plus. Mais il suffisait de lui demander conseil pour le voir alors se lancer dans une longue explication qui faisait un tour d'horizon de la ques-tion. Puis il te disait ce qu'il ferait s'il était à ta place – sans toute-fois insister.

Son jugement était fiable. Il se trompait rarement. Sa philosophie de vie était simple, et même l'enfant que j'étais pouvait la comprendre : travailler sans relâche, ce qu'il a d'ailleurs

Ma photo préférée de mon père et de moi. J'avais vingt-huit ans.

fait toute sa vie, et toujours garder à l'esprit qu'on ne pouvait dire de quoi demain serait fait.

À dix ou onze ans, c'était déjà cette philosophie-là qui m'animait.

LE TEMPS DE PENSER

Je reconnais que je vis ma vie un peu à l'envers, en ce sens que, dès l'adolescence, j'ai commencé à travailler et que, depuis mes quarante ans, et plus encore depuis mon mariage, je pense beaucoup plus à moi. Sans doute est-ce dû au fait que j'ai maintenant le temps de m'arrêter pour apprécier pleinement la valeur des choses... Il était temps que je le fasse !

Avant, je n'avais littéralement pas eu le temps de le faire parce que je suivais par l'exemple de mon père, pour qui le travail était un moyen et une fin en soi ; tout allait trop vite, tout était trop important en regard des buts que je m'étais fixés. J'ai craint, un court moment seulement, que je ratais l'essentiel, sans savoir pour autant, précisément, ce qu'était cet essentiel. Mais, à quarante ans, j'ai réalisé que l'âge réel n'avait qu'une importance relative, et que l'important était ce que je ressentais, ce que je pensais, ce que je voulais pour moi.

CHAPITRE QUATRE

VIEILLIR : OUI
DEVENIR VIEILLE : NON

VIEILLIR, OUI ; DEVENIR VIEILLE, NON. Et je crois que de plus en plus de femmes partagent cette attitude. Mais comment vieillir sans devenir vieille ? Sans doute que de nombreux éléments interviennent. Toutefois, pour moi, je les résumerais principalement en parlant de curiosité, d'intensité et d'émerveillement. Je crois effectivement que c'est en restant curieuse, en vivant intensément les moments présents et en continuant de s'émerveiller devant des choses simples que l'on arrive à apprécier réellement ce que l'on a. Je ne recherche pas nécessairement les grandes joies – qui sont assez rares – mais plutôt les petites joies, celles du quotidien. Celles-ci, quand on y regarde bien, sont nombreuses. Mais encore faut-il savoir les apprécier à leur juste valeur. Cette façon d'être et d'agir doit faire partie de notre style de vie puisque, finalement, c'est lui qui détermine la qualité de notre vie.

Inévitablement, nous prenons tous de l'âge. J'ai pris de l'âge, je continue à en prendre. Je ne peux pas ne pas le réaliser. Lorsque j'ai commencé ma carrière, j'étais très jeune ; tout mon entourage, tous les gens que je fréquentais sur le plan professionnel étaient plus âgés que moi, beaucoup avaient atteint la quarantaine et, dans mon esprit, ils étaient tous très vieux. À un certain moment, la situation a changé du tout au tout. Je n'ai rien vu venir. Après six mois d'inactivité, aux alentours de la quarantaine, en reprenant là où je croyais pourtant avoir laissé, j'ai réalisé que la majorité des gens avec qui je travaillais avait une dizaine d'années de moins que moi. Le nouveau réalisateur me vouvoyait. Les musiciens me vouvoyaient. Ce fut tout un choc.

C'est à ce moment-là que j'ai vraiment vécu mon passage à la quarantaine ; c'était quelque part entre mes trente-huit et quarante-deux ans. Il m'a fallu en quelque sorte me redécouvrir, trouver quel devait être dorénavant mon cheminement. Trouver aussi ce que j'avais à offrir et que les jeunes n'avaient pas. Je ne regrette pas ce que j'ai vécu parce que, finalement, j'ai aujourd'hui une vie qui me comble. Mais, honnêtement, si toutes ces années que j'ai consacrées au travail n'avaient pas donné ces résultats auxquels j'avais toujours rêvé, je ne serais peut-être pas aussi bien dans ma peau. Je serais sans doute... déçue. Par chance, j'ai évolué, j'ai encore énormément d'énergie, une grande ouverture d'esprit aussi, je crois. Et mon expérience m'incite à penser que nous ne paraissons finalement que l'âge que nous voulons avoir.

AVOIR L'ÂGE QUE L'ON VEUT...

Si les vibrations qui émanent de nous sont jeunes et vivantes, c'est une femme jeune et vivante que les autres verront. Il ne faut ressentir aucun âge, être ni jeune, ni vieille, ni entre les deux. Simplement être ce que nous sommes vraiment. En ce sens, la fréquentation des jeunes peut être bénéfique, car ils nous permettent, souvent même sans s'en rendre compte, de nous adapter aux nouveaux courants et de nous énergiser.

On garde une mentalité qui fait que l'on apprécie de vivre près des autres, que l'on est toujours prête à surprendre, à rendre la vie belle aux autres, à leur donner de beaux moments. Et, par ricochet, en profiter nous-même. Et cela doit même surtout se traduire dans le quotidien, par une petite attention, un verre de vin, un bon repas, une anecdote amusante.

De cette façon, il n'y a aucun moment ennuyeux dans la vie. Je ne sais pas comment les gens font pour s'ennuyer, car je ne m'ennuie jamais. Je pense et j'agis d'une manière jeune. Je suis curieuse, créative, heureuse, joyeuse. Je m'amuse, je voyage et je ne cesse jamais d'apprendre. Surtout, tout aussi fière que je puisse être de ma carrière, je ne dors pas sur mes lauriers en me disant que mes réalisations d'hier sont plus importantes que celles de demain. Bien au contraire : seul demain m'intéresse.

Je ne me sens pas vieillir. Mais n'est-il pas prouvé, aujourd'hui, qu'une vie plus longue dépend de notre style de vie et de notre état d'esprit ? Les dernières décennies ont vu l'introduction d'approches nouvelles au sujet de l'âge et du vieillissement. Des idées stéréotypées ont été mises de côté, si bien que, de nos jours notre âge n'a plus grand-chose à voir avec ce que nous dégageons comme personnalité ni avec le genre de vie que nous menons.

Si vous êtes sophistiquée, cela se remarquera
où que vous alliez et quoi que vous fassiez.

Auparavant, selon l'âge que nous avions, nous devions être et agir selon des stéréotypes bien déterminés. Heureusement, ce n'est plus le cas. Notre façon d'être tout comme notre état d'esprit ne sont plus liés à l'âge physique. Nous pouvons commencer notre vie d'adulte dès l'adolescence pour finir en séduisante grand-mère se baladant en Harley-Davidson !

Il est donc possible d'échapper aux stéréotypes du passé et, de ce fait, notre vie peut être ce que nous voulons qu'elle soit. Et, pour moi, je l'avoue, ma vie est aujourd'hui exactement à l'image de ce que j'en rêvais.

Ne restez pas sur place !

On dira bien sûr que tout cela est facile à dire pour moi puisque je suis privilégiée, que c'est possible parce que j'ai « réussi » et que le mot réussite fait immanquablement apparaître une quantité d'images plus merveilleuses les unes que les autres : prestige, renommée, liberté, résidences confortables, voitures de luxe et quoi encore ? Cependant, posséder une telle aisance matérielle ne suffit pas pour être heureux. Je connais un lot de gens à l'aise sur le plan matériel et qui ne sont pas nécessairement heureux. J'en connais d'autres, par contre, qui n'ont rien de cela mais qui, eux, sont foncièrement heureux.

Je ne crois donc pas que l'aspect matériel soit la condition la plus importante du bonheur. Réussir dans la vie n'est pas synonyme de réussir sa vie et, pour moi, l'essentiel est justement de réussir sa vie. Mais on oublie trop souvent que c'est aussi quelque chose qui s'apprend, au même titre que n'importe quoi d'autre.

Bien sûr, ce que nous sommes, nous le devons aussi à notre entourage. Si nous avons été élevés dans une famille heureuse où les parents étaient déterminés et connaissaient le succès sur le plan professionnel, tout cela a pu être assumé comme allant de soi. En prenant de l'âge, nous n'avons pas nécessairement adopté une attitude « combative », peut-être avons-nous flanché devant les efforts qui auraient dû être faits. Du coup, nous n'avons pas nécessairement développé de disposition au bonheur, à la détermination qui mène à la réussite. Si, au contraire, nous avons été élevés dans une famille où la vie était difficile, il est possible que nous ayons adopté une attitude déterminée et fait les efforts nécessaires pour gagner une place au soleil. Mais nous avons tout aussi bien pu poursuivre dans la même voie que nos parents. C'est une question d'attitudes personnelles et d'expériences de vie.

Si elles sont bonnes et favorisent notre développe-
ment, on les conservera. Si elles traduisent une certaine difficulté à
affronter le quotidien, à faire face à quelque problème que ce soit
de manière combative et positive, on s'arrangera pour les modifier.

UN TRUC POUR COMBATTRE CES ATTITUDES

Un des remèdes les plus efficaces est de commencer par
prendre des décisions fermes à l'égard des choses pas trop importantes pour ensuite se confronter à des problèmes sérieux.

Tout cela relève donc de notre état d'esprit.

Et tout peut avoir une certaine influence, sinon une
influence certaine.

Notre santé, par exemple, exerce une incidence di-
recte sur notre état d'esprit. Il nous faut donc d'abord voir à celle-
ci, et par ricochet à notre beauté. Une alimentation équilibrée, un
bon programme d'exercices, une pensée positive, voilà tout autant
d'instruments qui peuvent contribuer à notre mieux-être physique
et moral. Lorsqu'on se sent belle et en forme, notre confiance aug-
mente, et nous sommes plus en mesure de rassembler nos forces
pour apporter les changements qui s'imposent ou que nous dési-
rons. Il ne faut surtout pas rester sur place et attendre que les autres
décident à notre place. C'est à vous d'agir ! Et agissez, car moins
on agit, moins on veut agir et moins on est capable d'agir. Ne som-
brez donc pas dans la frustration.

J'ai appris, au fil des ans, que nous devenons ce à quoi
nous pensons le plus, ce que nous souhaitons le plus être. Pour
cela, cependant, il faut foncer, nous entêter dans la recherche du
succès, dans la recherche du bonheur. Accepter nos forces, corriger
nos points faibles et, surtout, cesser d'évoquer notre peu de chance,

notre âge, notre intelligence moyenne, qui nous servent de prétextes pour nous empêcher de nous prendre en main. Bref, il faut vouloir. Il faut croire.

Que les gens disent que mon mari et moi menons une belle vie, je ne le nie pas. Mais rien ne nous a été donné ; tout ce que nous avons, nous l'avons gagné, nous l'avons mérité. Et, encore aujourd'hui, il faut regarder au-delà des apparences : nous travaillons tous les deux comme des forcenés. Nous nous levons tôt, je veille à ma carrière, il se rend à son bureau tous les matins. Le soir, nous sommes fatigués, comme tout le monde.

LE SECRET DU BONHEUR... À DEUX

Il faut se battre tous les jours pour que la vie soit belle – mais le faire à deux est beaucoup plus passionnant encore. Plus facile aussi, je crois, car l'un et l'autre peuvent s'encourager mutuellement, se motiver. La complicité joue d'ailleurs un grand rôle dans la réussite de la vie à deux...

*Deux photos qui montrent bien
la complicité qui nous lie, Yvan et moi.*

CHAPITRE CINQ

L'IMPORTANCE DES PROCHES, DES AMIS ET DE L'AMOUR

JE N'AI AUCUNE HONTE À L'ADMETTRE : JE SUIS une femme insécure, affectivement dépendante de son entourage. Mon mari tout autant que mes amis peuvent aisément me « contrôler » s'ils savent s'y prendre, s'ils savent jouer les bonnes cartes, pour la simple et bonne raison que je ne lutte pas contre cette dépendance. Si certains considèrent celle-ci comme nuisible, pernicieuse, ce n'est pas le cas pour moi ; au contraire, cette dépendance me rassure, me sécurise, en ce sens que je sais que j'ai là, près de moi, des gens sur qui je peux compter.

Mais parler de dépendance affective n'est peut-être pas le terme exact. Je m'explique. Il est essentiel que les gens qui m'entourent m'apportent quelque chose sur le plan affectif, émotif ; des sentiments qui me permettent de découvrir des choses, d'évoluer, de grandir. Ce n'est toutefois pas une relation à sens unique puisque je suis convaincue que j'apporte aussi, de mon côté, quelque chose de positif à nos relations. À mon avis, ce n'est que de cette façon que l'on peut établir des relations, non seulement durables mais aussi profitables.

Mais il n'en a pas toujours été ainsi... Du tout début de ma carrière jusqu'à l'âge de quarante ans, j'ai eu sensiblement le même genre d'amis et le même genre de relations. Peut-être était-ce parce que, trop occupée à ma carrière, je n'avais jamais pris le temps de m'arrêter pour analyser la qualité de ces relations. Il s'agissait de gens dont la route avait croisé la mienne, avec qui je m'étais liée un jour et à propos de qui je ne m'étais plus jamais questionnée.

À quarante ans, au moment où j'ai effectué de nombreux changements dans ma vie, j'ai aussi remis ces relations en question : j'ai regardé si ces gens m'apportaient autant que je leur apportais, et surtout s'ils pouvaient me donner plus – parce que, moi, j'avais le goût de donner plus. Quoi ? Je ne sais pas exactement. Simplement, je savais qu'il était important, primordial, que les choses deviennent plus intenses, peut-être était-ce parce que j'avais maintenant conscience que le temps passait. L'un des points que j'ai développés à ce moment-là – et que je me suis aussi mise à rechercher – c'est ce que j'appellerais la qualité d'« oreille attentive », c'est-à-dire l'écoute des autres. C'est absolument essentiel dans une véritable relation amicale parce que ça permet de deviner ce qui n'est pas toujours dit... et d'apporter alors à l'autre l'encouragement ou le soutien nécessaire – le petit mot qui peut faire briller les yeux ou sourire. Toutefois, si j'offre volontiers cette écoute à ceux qui me sont proches, j'admets que j'en attends autant d'eux. Rien ici ne doit être fait à sens unique, tout doit être réciproque.

APPRENEZ À DIRE NON

Savoir dire non, comme savoir dire oui, exige du caractère. Comme vous pouvez l'imaginer, je suis souvent sollicitée pour participer à une foule d'événements. Si j'en accepte certains, je dois en refuser d'autres.

J'ai toutefois appris, il y a longtemps, à éviter la voie du mensonge, tout autant que les faux prétextes. Mais s'il est parfois difficile de dire oui, il est plus difficile encore de dire non. Il faut apprendre à le faire et prendre le risque de déplaire sans souffrir soi-même de culpabilité. Rappelez-vous aussi qu'il est pire de dire oui à quelque chose et, à la toute dernière minute, de changer d'idée ou de se décommander.

Il faut apprendre à dire non, même si c'est difficile.

Cette décision d'écarter de ma vie des gens que j'avais fréquentés et que je fréquentais depuis des années, des dizaines d'années dans certains cas, n'a pas été facile à prendre. Mais je devais la prendre, comme chacun d'entre nous doit en venir là à un moment ou à un autre de sa vie. Si je ne l'avais pas fait, je n'aurais probablement pas atteint certains des buts, des rêves, que je nourrissais parce que j'aurais trop cherché à tenir compte de ces gens dans mes gestes et décisions. C'est que, tôt ou tard, nous prenons conscience de ce que nous avons sacrifié pour certaines personnes de notre entourage et, lorsqu'il devient évident que nous n'obtenons rien en retour (et je ne parle pas ici de considérations matérielles), nous commençons à vivre un certain ressentiment à leur égard. Avant que ce sentiment ne dégénère, il vaut mieux rompre.

UNE ATTITUDE À ÉVITER

On a trop souvent tendance à se complaire dans ses habitudes. Mais pour quelqu'un d'inquiet comme moi, il faut aussi admettre que cela peut être rassurant. Il n'empêche qu'un jour il faut faire les coupures qui s'imposent parce que simplement rendre les autres heureux ou attendre notre bonheur des autres n'est pas une formule sans danger.

Je crois que nous devons nous-même faire notre propre bonheur, quitte à nous passer de l'approbation des autres.

Assumer son indépendance

Toute jeune, mon père m'a dit : « Michèle, arrange-toi toujours pour avoir ta maison, ta propre maison. Ne va jamais rester chez ton *chum*. Comme ça, jamais personne ne pourra te mettre dehors... »

La première fois que mon père m'a dit cela, j'ai souri. « Allons donc ! pensai-je intérieurement, l'amour c'est toujours beau. Et quand c'est fini, tu t'en vas... » Dans le quotidien, ce n'est pas toujours ainsi que ça se passe. Il faut faire avec les contraintes qui sont les nôtres, spécialement sur le plan financier. Partir, se réinstaller ailleurs, souvent dans un court laps de temps, est rarement facile. Alors, quand on a son propre nid, c'est l'autre qui part. Ça peut être égoïste de parler ainsi, mais il faut parfois l'être. Et c'est un peu ce que mon père avait essayé très tôt de me faire compendre.

Après le salon double de mes débuts, à vingt et un ans, j'ai loué mon premier appartement ; il était situé à Westmount, et je l'ai habité pendant douze ans. Ensuite, j'ai acheté une première maison que j'ai gardée pendant cinq ans, avant de la revendre pour acheter celle que j'habite depuis maintenant dix ans à Saint-Sauveur. Inconsciemment sans doute, j'ai appliqué cet autre conseil de mon père. J'ai toujours eu un appartement ou une maison qui n'appartenait qu'à moi – je n'ai toujours habité que chez moi. Et tous mes hommes sont toujours venus habiter avec moi, chez moi.

Je conseillerais à toutes les femmes qui peuvent le faire d'agir de cette façon. Je suis néanmoins consciente que, pour les femmes de ma génération, ce n'est pas quelque chose qui allait de soi ; cela ne s'inscrivait pas dans le modèle et le rôle traditionnels de la femme, considérée toujours, à cette époque, comme une épouse et une mère en devenir. Cependant, pour les générations qui nous ont suivies, le rôle de la femme a bien changé. Elles sont de plus en plus nombreuses à souhaiter faire carrière. Ce faisant, elles ont également la chance de faire preuve d'indépendance. À toutes ces femmes je donnerais ce conseil que mon père m'avait donné : amasser suffisamment d'argent pour acheter leur propre maison ou leur propre appartement, ou encore louer leur propre appartement. C'est non seulement une sécurité sur le plan financier mais cela procure une tranquillité d'esprit qui n'est pas trop cher payée.

Et les amoureux dans tout ça, me direz-vous ? Il m'est très rarement arrivé de rencontrer et de fréquenter un homme, avec qui il y avait suffisamment d'atomes crochus pour que nous puissions songer à vivre à deux, qui n'ait accepté de venir vivre chez moi. Pour quelle raison, si nous les femmes acceptons d'aller vivre chez un homme, le contraire ne pourrait-il pas se faire ? Les très rares fois où les hommes ont refusé cette proposition, je n'ai pas insisté mais je ne suis pas, non plus, allée vivre chez eux. J'ai comme principe que si un homme n'a pas la confiance nécessaire, s'il n'est pas assez « évolué » pour accepter d'aller vivre chez la femme qu'il dit aimer, eh bien... aussi bien ne pas pousser plus loin cette relation.

Dans la majorité des cas, les hommes que j'ai croisés dans ma vie, ceux pour qui j'ai réellement eu le béguin, n'ont fait aucune difficulté pour venir vivre avec moi chez moi. Jamais je n'ai exigé qu'ils paient la moitié des coûts de l'appartement ou de la maison ; de toute façon, je l'habitais et, seule ou à deux, les frais n'augmentaient pas de façon substantielle. Je les laissais libres d'agir à leur guise. Si certains ont effectivement partagé les dépenses do-mestiques, d'autres ont compensé autrement, parfois simplement en me gâtant. Pour moi, le seul fait que ces hommes puissent être indépendants sur le plan financier, c'est-à-dire ne pas dépendre de moi, et pouvoir vivre à mon rythme, me comblait d'aise !

Et l'amour dans tout ça ?

J'ai eu plusieurs amoureux, le contraire aurait d'ailleurs été étonnant puisque je ne me suis mariée qu'une fois, le cap des quarante ans franchi. Cependant, il faut le souligner, je n'en ai jamais eu autant que certains médias m'en ont prêté ! Il suffisait, à l'époque où ces journaux régnaient en rois et maîtres de l'information artistique, que je me présente à une soirée ou réception en compagnie d'un simple ami pour que, dans les jours suivants, dans les pages de ces publications à sensations, celui-ci soit devenu un amant secret. Des tas d'histoires de ce genre ont été inventées, de nombreuses rumeurs ont été colportées – com-bien de fois n'a-t-on pas publié que « j'annonçais mon prochain mariage » ?

Pour bien comprendre comment cela pouvait se pas-ser, comment de telles nouvelles, créées de toutes pièces, pouvaient faire la manchette et devenir « vérités », il faudrait replonger dans les années soixante-dix pour expliquer les tenants et les aboutissants de l'industrie artistique de l'époque. J'y reviendrai sans doute un jour, au moment où je déciderai d'écrire une biographie.

Quoi qu'il en soit, comme je l'ai souligné à quelques reprises au fil de ces pages, de dix-huit à trente-deux ans, toute ma vie était planifiée en fonction de ma carrière. Je me levais en pensant à ma carrière, je me couchais en pensant à ma carrière, et tout ce qui se passait entre ces deux moments ne concernait que ma carrière. Je choisissais également mes petits amis en fonction de celle-ci. Un temps, j'ai eu un petit ami musicien parce que cela correspondait à mes besoins et à mes attentes du moment ; j'en ai eu un autre producteur de disques, nous pouvions parler carrière des heures et des heures, et sa fréquentation ne m'empêchait pas de voir à mes affaires. J'en ai eu plusieurs, toujours reliés, d'une façon ou d'une autre, à mes préoccupations professionnelles. Bien sûr, il y avait toujours une certaine forme d'amour entre eux et moi, mais je savais pertinemment bien, comme eux aussi le savaient, que nous n'avions pas d'avenir ensemble. Que nos routes se croisaient mais qu'elles allaient aussi, à un moment ou à un autre, bifurquer chacune dans sa direction. Ces histoires d'amour ont donc été pour la plupart sans conséquence.

Mais j'en ai retenu certaines leçons qui ont renforcé ma détermination. Je me souviendrai toujours, par exemple, d'une de mes premières liaisons sérieuses. Je n'avais alors que vingt ans, et fort peu d'expérience. Il était un joueur compulsif. Les moments que j'ai vécus à cette époque ont été très difficiles. Je gagnais assez d'argent, et facilement. Il le dépensait plus facilement encore. Comme cela est souvent le cas avec ce genre de personnes, il se retrouvait fréquemment dans des situations critiques. Alors, incapable de le laisser se dépêtrer avec ses problèmes, j'allais toujours à son secours. Ça m'a coûté cher, très cher. Sans compter qu'à la maison je devais tout cacher : j'achetais des choses qui me tenaient à cœur, des bijoux et des meubles, et il allait les mettre en gage pour assouvir sa passion. J'étais prise pour aller racheter mes propres affaires ! D'un autre côté, cela m'a permis d'apprendre ; s'il ne faut rien regretter de ce que nous vivons dans la vie, cela ne nous empêche pas d'apprendre de nos erreurs. Plus jamais, ensuite, je ne me suis fait prendre dans d'autres histoires de ce genre.

Cependant, en règle générale, je suis sortie avec des types corrects et, après avoir vaincu la peine que je pouvais ressentir à la séparation, je dois dire que je conserve plutôt de bons souvenirs de ces relations. D'ailleurs, je le dis sans gêne, c'est grâce à quelques-uns de ces hommes que je suis devenue, en partie tout au moins, ce que je suis aujourd'hui.

L'homme de ma vie

En raison de tout cela, on ne m'avait jamais vraiment imaginée dans une relation à long terme. Mais à partir du moment où ma vie privée a pris le pas sur ma vie professionnelle, j'ai décidé que j'allais la réussir – comme tout ce que j'ai fait dans ma vie.

Quand j'ai rencontré Yvan – c'est une amie commune qui nous avait présentés – et que nous avons commencé à nous fréquenter, je me suis aperçue que notre parcours dans la vie se ressemblait sur de nombreux points, ce qui a aidé à nous rapprocher. Je l'ai dit, je n'ai jamais eu la vie facile à l'enfance et à l'adolescence, j'ai toujours travaillé. Il en était de même pour lui : tout jeune, il distribuait les journaux de porte à porte, puis il livrait les commandes à la pharmacie de son quartier et, le soir, il était planteur dans un salon de quilles. Il a commencé à travailler jeune et n'a jamais arrêté. Comme moi, il avait économisé cent après cent, pour vaincre ses insécurités et pouvoir, un jour, concrétiser ses rêves. Nous étions donc, en quelque sorte, sur la même longueur d'onde.

Nous n'avons pas vécu un coup de foudre, nous nous sommes plutôt apprivoisés. Mais je me souviendrai toujours du jour où il m'a véritablement séduite. C'était au Stade olympique, il y a sept ans, au moment de la présentation de l'opéra *Aïda*. On m'avait invitée à assister à cette représentation, et je lui avais demandé s'il voulait m'accompagner. Il avait accepté, me précisant qu'il n'avait jamais vu d'opéra. Lorsque nous nous y sommes rendus, quelques jours plus tard, au moment où nous prenions place, il m'a demandé si je connaissais l'histoire de cet opéra. Je lui ai répondu non. Il m'expliqua alors simplement, sans prétention, toute l'histoire. Dans ses moindres détails. Il avait tout appris avant qu'on s'y rende. J'étais renversée. Et conquise. Je me suis dit que quoi que nous fassions ensemble, où que nous allions dans le monde, jamais je ne serais prise au dépourvu avec lui puisqu'il saurait toujours apprendre ce qu'il devait savoir.

Puis, au fil de nos sorties, j'ai découvert en lui un homme généreux, sensible, tolérant.

À partir de ce moment-là, j'ai su que c'était l'homme de ma vie.

Avec Yvan, je n'ai jamais le temps de m'ennuyer.

La vie à deux

Quand j'ai annoncé mon mariage, cela a fait beaucoup de bruit. Il y a eu, bien sûr, quelques prophètes de malheur pour annoncer d'abord que ce mariage n'aurait jamais lieu puis, lorsqu'il fut célébré, pour dire qu'il ne durerait pas. Nous sommes ensemble depuis sept ans, nous sommes dans notre cinquième année de mariage, et jamais les choses n'ont si bien été.

Certes, le mariage a changé ma vie. Elle avait d'ailleurs commencé à changer avant que n'y entre Yvan. Mais il n'y a pas eu de bouleversement à proprement parler, sinon qu'il a accepté de venir habiter chez moi malgré cette propriété confortable qu'il possédait lui-même. Nous avons gardé chacun nos habitudes – il faut dire qu'il n'est pas toujours facile de les chasser, sans compter qu'il y en a un certain nombre auxquelles nous tenons !

Quand je nous regarde, je suis bien obligée d'admettre que notre vie de couple ne correspond pas au stérétotype de la vie à deux. Qu'à cela ne tienne ! Nous sommes heureux ainsi. Avec le temps, nous avons réussi à nous créer un univers qui nous satisfait pleinement. Tout s'est fait tranquillement, à mesure que nous nous sommes apprivoisés l'un l'autre ; nous ne nous sommes imposé aucune condition, aucun préalable. D'ailleurs, je ne crois pas que, sur le plan de la vie à deux, il soit possible de mettre les choses au point d'avance. Il faut vivre ensemble – ce que nous avons fait – et s'ajuster au fil des situations et des événements.

La réussite de la vie à deux est avant tout affaire de respect et de compromis. D'efforts aussi. J'y ai pensé longuement avant de me marier. Je voulais réussir mon mariage, et tous les jours encore, je veux réussir ma vie de couple. Je fournis donc les efforts nécessaires. Bien sûr, il n'y a que cinq ans que nous sommes mariés, ce qui est bien peu si l'on regarde les couples qui sont ensemble depuis vingt ou trente ans, mais je n'en suis pas moins satisfaite de ce que nous avons accompli.

PENSER À L'AUTRE

Je dirais d'ailleurs que pour vivre en couple, et réussir sa vie de couple, il faut être foncièrement généreux et toujours agir en pensant à l'autre.

C'est ce que nous faisons tous les deux. Nous avons de petites attentions l'un pour l'autre – par exemple, je coordonne encore ses vêtements tous les matins et lui prépare ses jus et ses vitamines – nous nous réservons de petites surprises.

Dans n'importe quel couple, il faut nourrir quotidiennement la relation sur tous les plans.

Nous avions déjà une grande complicité et celle-ci s'est encore développée. Je voue une entière confiance à mon mari, tant dans notre vie privée que dans sa vie professionnelle, n'en déplaise à certains qui sous-entendent mille choses sans jamais rien prouver.

Ce sont les raisons pour lesquelles je l'aime : il est fier et sincère. Il existe une merveilleuse complicité entre nous, on communique, on parle beaucoup ensemble, on s'amuse aussi. Et nous avons totalement confiance en l'autre. Il sait tout aussi bien être mon mari que mon amant, mon *chum* que mon confident. Que pourrais-je demander de plus ?

DEUXIÈME PARTIE

BEAUTÉ, SANTÉ, FORME ET ATTITUDE

CHAPITRE SIX

TROUVEZ VOTRE STYLE !

Michèle Richard

Michèle Richard

1 Il faut toujours bien nettoyer le visage avec un lait démaquillant, de préférence, avant de commencer le véritable maquillage.

2 J'applique un «soin absolu anti-âge» de Lise Watier.

3 Puis, j'applique la crème «soin auto-défense de jour».

4 Je commence ensuite le maquillage en tant que tel, en appliquant une crème anti-cernes liquide, de couleur moyenne, aux commissures des lèvres, à la base des narines et sous les yeux.

5 Il faut bien étaler son fond de teint, ici de couleur fauve, et bien l'estomper jusqu'à la base du cou.

6 Dans mon cas, j'affine les lignes de mon nez en appliquant un fard crème brun sur les ailes du nez.

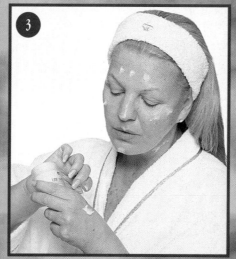

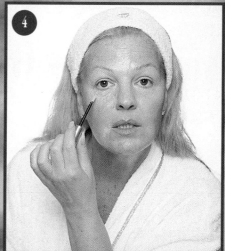

7 Il faut ensuite se poudrer le visage et le cou au pinceau avec une poudre de riz transparente.

8 Sous l'arcade sourci- lière, appliquez un fard sec de couleur prunelle; sur la paupière mobile, un fard sec de couleur pêche. Toujours de la ligne Lise Watier.

9 Après avoir dessiné vos sourcils — la mode est actuelle- ment aux sourcils larges —, peignez-les et brossez- les bien en ajoutant du fixatif sur votre pinceau.

10 Il faut donner quelques couches de mascara noir, tout en prenant bien soin de laisser sécher chacune d'elles. Vous pouvez en donner deux ou trois.

11 Pour le contour des lèvres, des- sinez une ligne fine avec un crayon dont la couleur est en harmonie avec votre rouge à lèvres. Ici, je me sers d'un crayon chocolat. Poudrez bien les lèvres et appliquez ensuite votre rouge à lèvres, ici de couleur rose givré.

12 Poudrez une nou- velle fois au pinceau et tam- ponnez légèrement avec une éponge d'eau froide, bien essorée, afin de fixer le maquillage. Vous pou- vez aussi vous servir d'un brumisateur Evian.

NOUS AVONS SOUVENT TENDANCE À effectuer des changements à notre *look* à cause des influences de la mode et des modèles qui défraient les pages couleurs des magazines. Mais faire ces changements, sans tenir compte de nos caractéristiques et de nos goûts n'a souvent guère de résultat sinon de faire de nous de pâles imitations de l'original. À ce moment-là, on ne peut plus vraiment parler de style puisque ça ne nous représente plus. Comme tout ce qui est adopté par une majorité, l'originalité devient alors l'uniformité alors que la beauté doit d'abord refléter ce que nous sommes vraiment et ce que nous voulons être. Nous sommes toutes uniques. Jeunes, nous pouvions être flattées de ressembler à un modèle en vogue. Rappelez-vous l'engouement Twiggy. Nous faire dire la même chose aujourd'hui nous paraît souvent agaçant, car nous avons dépassé le stade de l'identification. Cela se comprend : l'adolescente, la jeune fille se cherche alors que la femme sait qu'elle a une personnalité qui lui est propre. Elle sait aussi que la beauté va bien au-delà de l'« accessoire », que c'est un facteur de bien-être, de réussite, tout autant qu'une arme de séduction.

Cherchez donc, d'abord, à affirmer votre personnalité, ce faisant vous trouverez votre style. Toutes les femmes le savent, il faut commencer par le ménage intérieur pour que cela se reflète sur l'apparence extérieure. Un regard plein d'émotions qui vient de l'intérieur de soi vaut beaucoup plus qu'un secret de maquillage.

Accepter ce que nous sommes (mais améliorer ce que nous pouvons !)

Je reviens donc à mon propos premier, l'harmonie avec soi-même, la santé et la beauté. Les pages précédentes, par le biais d'exemples puisés dans certains événements de ma vie, m'ont permis d'illustrer, je l'espère, mon cheminement. Celui-ci m'a justement permis, instinctivement, de réfléchir sur ce que je pouvais devenir, de visualiser ce que je voulais être et de prendre ainsi les moyens pour aller de l'avant.

Toutes ces années passées m'ont en quelque sorte permis de me construire ma propre philosophie, et c'est elle qui, dorénavant, me guide. Elle consiste en un état d'esprit éminemment pratique que chacune peut adopter pour se transformer, à la condition de vouloir refléter son vécu qui, une fois la quarantaine passée, se dessine non seulement sur notre visage, mais aussi sur notre caractère, notre esprit et notre comportement. À mon âge, et peut-être le vôtre, c'est ce qu'il nous faut viser, davantage que cette beauté stéréotypée que l'on cherche trop souvent à nous vendre.

Un même look... *deux époques différentes.*

Nous devrions savoir qui nous sommes, à quoi nous ressemblons, et nous accepter ainsi, comme il nous faut aussi prendre les moyens nécessaires pour nous assurer une qualité de vie. Quels moyens ? Ils sont simples : une alimentation saine et équilibrée, de l'exercice, du repos, de l'eau et de l'air pur, et un état d'esprit positif. Bref, être consciente de nos besoins puisque c'est ce que nous mettons en pratique quotidiennement qui détermine la qualité et la durée de notre vie. Si nous ménageons notre corps, il nous servira bien, tout comme notre esprit si nous le gardons curieux et éveillé.

J'ai maintenant comme principe de viser la modéra-
tion. Mais il n'en a pas toujours été ainsi. Je reconnais aujourd'hui
que la discipline est source de satisfaction et, surtout, de résultat.

Bien sûr, j'ai suivi des régimes sévères, très sévères,
draconiens même, mais pour cette raison justement j'en suis venue
à écarter les conseils de santé et de forme physique de tous ceux
qui se positionnent dans des extrêmes et qui prônent des régimes
si draconiens qu'on se décourage avant même de s'y mettre. Je
préfère la théorie des « petits pas » constants. Parce que, étant ce
que nous sommes, les femmes comme les hommes, nous avons nos
moments de faiblesse, de paresse, le désir parfois de déroger à ce
que nous savons pourtant bénéfique à notre santé. C'est normal, à
la condition que ça ne devienne pas une habitude ! Il nous suffit
d'apprendre comment compenser pour nos manquements. De là,
ma théorie des « petits pas » : des réajustements quotidiens sont
toujours préférables à des efforts démesurés faits tous les six mois.
Par exemple, si je me permets un repas copieux un soir, je ne man-
gerai qu'une salade le lendemain ; si j'ai bu trop de vin, je com-
pense en buvant des eaux minérales et du jus d'orange frais le
lendemain – d'ailleurs, tous les matins, je nous prépare un jus frais
de pommes, de carottes, de céleri et de brocoli, auquel j'ajoute
quatre gélules de spiruline ! Il faut avoir ses trucs !

Cela n'a l'air de rien, je le concède, mais il n'en demeure pas moins que c'est en cela que résident les secrets de l'équilibre. Et cela vaut pour tous les aspects de notre vie.

Les secrets pour rester jeune

À mesure que les spécialistes se penchent sur la question de la longévité, il apparaît de plus en plus évident que celle-ci
se résume à quelques facteurs aussi peu nombreux que simples : la

Même en voyage, je vais choisir les fruits et les légumes pour nous faire des jus, discipline à laquelle je m'astreins chaque matin.

modération en tout, une alimentation saine et équilibrée, de l'exercice, du repos et de la détente, de l'eau et de l'air purs, de la lumière, des rayons du soleil et la tranquillité d'esprit. Des conditions qui nous sont accessibles à toutes et qui peuvent être atteintes si l'on a suffisamment de motivation et de volonté. Mais il faut vouloir ! Et accepter de faire les efforts en conséquence, comme j'ai commencé à le faire un jour.

Ce n'est un secret pour personne : l'esprit influence le corps – et il ne faut jamais sous-estimer cette influence.

Le tout premier pas consiste donc à assimiler et afficher un état d'esprit jeune, orienté vers la santé et l'optimisme, dans le but d'éviter les troubles émotifs, le stress et le pessimisme qui peuvent engendrer de nombreuses maladies, qui se caractérisent alors par un déséquilibre de la circulation sanguine, des problèmes cardiovasculaires, des maladies de peau et nombre d'autres. Cependant, parce que notre corps est une machine sophistiquée, la volonté reste donc le meilleur remède à tous ces maux. Tout ce dont nous avons besoin, c'est de nous brancher sur le mental et de lutter contre nos mauvaises habitudes quotidiennes.

Simplement en les corrigeant, nous pouvons modifier notre vie du tout au tout.

TROIS POINTS À SURVEILLER

Voilà, trois points essentiels pour rester jeune.

Restons actives

Quand nous sommes inactives, les idées sombres apparaissent, nous font ressasser les regrets et nous appesantir sur nos défauts – même imaginaires. L'inactivité est toujours mauvaise conseillère.

Elle a un mauvais effet sur notre esprit mais aussi, par effet d'entraînement, sur notre corps. Il nous faut donc nous occuper, avoir des activités qui nous passionnent et c'est à chacune d'entre nous de décider ce qu'elles doivent être.

Prenons soin de nous

Depuis quelques années, je n'ai aucune gêne à admettre que je prends soin de moi, que je me fais plaisir le plus souvent possible. Il y a de nombreuses façons de le faire, mais il s'agit essentiellement d'accorder à notre corps l'attention et les soins dont il a besoin ; c'est se gâter, se faire plaisir, soigner son image et garder la forme. Ça ne signifie pas des dépenses somptuaires ni des exercices compliqués. De longues marches à pied suffisent – c'est d'ailleurs ce que je fais quasi quotidiennement avec mon chien. Pas besoin non plus de sessions intensives d'exercices, elles doivent seulement être régulières.

Surveillons notre alimentation

Plutôt que d'avoir à s'astreindre, tôt ou tard, à un régime pour perdre un surplus de poids, il vaut bien mieux surveiller son alimentation au jour le jour – quitte à se permettre quelques écarts de temps à autre, lors d'occasions spéciales. Non seulement cela nous permet de garder un physique attrayant mais, surtout, de jouir d'une bonne santé.

Mon petit « guide pratique »

Comme le but de ce livre n'est pas de devenir une bible de la santé et de la bonne forme, d'autres sont bien mieux placés que moi pour le faire, je me contenterai d'aborder, dans les pages qui suivent, des questions pratiques qui me tiennent à cœur.

Vous trouverez donc ici une foule de conseils et de trucs que je mets moi-même en pratique ; des conseils et des trucs qui m'ont été inspirés par l'expérience et les connaissances que j'ai acquises au fil des ans, par des rencontres avec de nombreux spécialistes de différentes disciplines et par la lecture d'ouvrages aussi nombreux que divers ; des conseils et des trucs pratiques qui pourront servir à toutes les femmes qui sont prêtes à abandonner les idées préconçues à propos du vieillissement, qui ont décidé de s'occuper d'elles, de se faire plaisir, et qui, surtout, sont convaincues qu'il n'est jamais trop tard pour changer. Il est prouvé qu'une vie plus longue et de meilleure qualité dépend de notre style de vie et de notre état d'esprit et... l'état d'esprit est souvent une affaire de détails. Aussi, c'est aux petits détails que je m'attarderai puisque, d'une part, ce sont les plus faciles à changer et, d'autre part ce sont eux qui peuvent nous inciter à vouloir changer des choses plus profondes.

Après l'état d'esprit qui doit nous animer, chacune, et que je vous ai présenté dans les chapitres précédents, voici maintenant le moment de passer à d'autres aspects tout aussi importants qui touchent à la beauté et à la santé.

Là encore, vous le constaterez, il vous faudra de la discipline. Et la meilleure façon de se laisser gagner c'est encore, finalement, de trouver le plaisir dans l'effort. Vous le verrez, ce n'est pas incompatible.

CHAPITRE SEPT

LES SOINS DE BEAUTÉ

QU'EST-CE QUE ÇA SIGNIFIE VRAIMENT lorsqu'on dit d'une femme qu'elle est belle ? Je me suis posé la question et j'en suis arrivée au constat que c'était beaucoup plus qu'une simple référence au *look*. À mon avis, la beauté est plutôt quelque chose qui provoque un intérêt ou une attirance, parfois à cause de particularités, parfois même à cause de certaines « imperfections » ; c'est d'ailleurs tout cela qui fait que nous sommes différentes. Il n'en tient donc qu'à chacune d'entre nous de recourir aux soins de beauté qui nous permettent de nous épanouir et de nous mettre en valeur.

Certains sont des soins de base, des points qui demandent une attention constante et des soins quotidiens. J'en considère cinq comme prédominants : les soins du corps, ceux de la peau, du visage, le maquillage et les soins des cheveux.

Respect et confiance en soi

Chaque fois que je me suis sentie belle, je sentais la confiance que j'avais en moi augmenter, je sentais aussi mon état d'esprit à son mieux. Je ne reviendrai jamais sur le fait que l'essentiel est à l'intérieur – comprenez le cœur, l'âme, l'esprit – mais il n'en demeure pas moins, la réalité étant ce qu'elle est, qu'une belle femme sait que son apparence est importante. Même qu'on nous juge sur celle-ci, et sévèrement, alors quitte à être jugées sur quelque chose, si on peut s'en servir...

Si le but poursuivi est avant tout d'être bien dans sa peau et de s'accepter telle que l'on est, cela ne signifie pas que l'on doive pour autant écarter les moyens qui nous permettent d'améliorer l'image que nous projetons. Il faut garder à l'esprit, d'après les psychologues, que les deux premières minutes d'une rencontre suffisent à notre vis-à-vis pour qu'il se fasse une opinion de nous : un très court laps de temps pour créer une première impression, bonne ou mauvaise, mais très importante puisqu'il est aussi démontré que cette opinion se modifiera rarement par la suite.

Lorsque je parle de beauté, qu'on ne se méprenne pas, je ne parle pas de séduction mais bien de cette façon d'être qui reflète la fierté et le respect de nous-même. Une beauté basée sur nos attributs physiques, non sur l'affectation, le faux-semblant. Comment est notre peau ? Et notre corps ? Et notre visage ? Et nos cheveux ? Et nos mains et nos pieds ? Voilà, à mon avis, ce qu'est la beauté – une beauté à laquelle toute femme peut accéder. Aussi, malgré ce que l'on a souvent tendance à croire, nous avons beaucoup d'influence sur l'apparence de notre corps. Nous pouvons maîtriser l'embonpoint ou l'insuffisance de poids, ou encore la fermeté de nos muscles.

Peu importe notre âge, les photos nous permettent toujours de nous étudier et ainsi de corriger nos petits défauts.

Pour voir l'image que nous dégageons, il suffit de regarder des photos qui ont été prises de nous récemment – c'est ce que je fais régulièrement. Parce que se regarder dans le miroir ne nous révèle rien, en ce sens que nous nous y regardons tous les jours et que nos yeux s'habituent à cette image que nous voyons quotidiennement. Les changements sont alors imperceptibles. Cependant, à l'étude de ces photos, nous pouvons facilement déceler ce que nous aimons de nous, mais aussi ce que nous voudrions changer. Il faut aussi se demander si les changements souhaités sont réalistes, puis y consacrer toutes nos énergies – il ne faut pas perdre de temps à tenter de changer ce qui est inchangeable. On ne peut modifier son ossature ni sa constitution. On aimerait pouvoir le faire, mais il faut bien savoir que, si nous étions autrement, nous nous... trouverions d'autres défauts !

Les standards de la beauté – heureusement ! – ont suffisamment évolué pour nous permettre de tirer le meilleur parti de ce que nous sommes vraiment et il existe assez de moyens pour affermir nos muscles et affiner notre silhouette dans les limites du poids idéal établi pour notre ossature et notre taille.

Quel est votre poids idéal ?

TAILLE	OSSATURE					
	petite		*moyenne*		*forte*	
	kg	lb	kg	lb	kg	lb
1,42 m / 4 pi 8 po	39-42	86-92	41-46	90-101	44-51	98-113
1,45 m / 4 pi 9 po	40-43	88-95	42-47	92-104	45-53	100-116
1,47 m / 4 pi 10 po	41-44	91-98	44-49	96-107	47-54	104-120
1,50 m / 4 pi 11 po	43-46	95-102	44-50	98-111	49-56	107-123
1,52 m / 5 pi	44-47	96-104	46-52	102-114	50-57	110-126
1,55 m / 5 pi 1 po	45-49	99-107	48-53	105-117	51-59	113-129
1,57 m / 5 pi 2 po	46-50	102-110	49-55	108-121	53-60	116-133
1,60 m / 5 pi 3 po	48-51	105-113	50-57	111-125	54-62	120-137
1,62 m / 5 pi 4 po	49-53	108-116	52-58	114-128	56-64	123-140
1,65 m / 5 pi 5 po	50-54	111-119	53-60	116-132	57-65	126-143
1,68 m / 5 pi 6 po	52-56	114-123	54-62	120-136	59-67	130-147
1,70 m / 5 pi 7 po	54-58	118-127	57-64	125-140	61-69	134-151
1,73 m / 5 pi 8 po	56-60	122-131	59-65	129-144	63-70	138-155
1,76 m / 5 pi 9 po	57-61	126-135	60-68	133-149	65-73	143-160
1,78 m / 5 pi 10 po	59-64	130-140	62-69	137-152	67-75	147-165
1,81 m / 5 pi 11 po	61-65	134-144	64-71	141-156	68-77	150-169
1,83 m / 6 pi	63-67	138-148	66-73	145-160	70-79	154-174

UN TRUC FACILE !

Vous souffrez d'embonpoint si, en pinçant, entre le pouce et l'index, la chair (et non le muscle) de la partie supérieure du bras, elle a plus de 2,5 cm.

Pour le poids idéal, les mensurations de la poitrine et des hanches dépassent d'environ 25 cm le tour de taille ; les cuisses, genoux et mollets se touchent à peine dans la position debout, talons joints. Une fois notre poids idéal atteint, il faut chercher à le maintenir toute notre vie adulte – ce n'est pas toujours facile, je peux vous en dire un mot ! Toutefois, les variations sont normales. Pendant les menstruations, par exemple, notre poids peut parfois varier de quelques kilos à cause des modifications dans la rétention des liquides. Cependant, il faut savoir que des changements de poids plus prononcés exercent beaucoup de pression sur notre organisme et peuvent provoquer vergetures, varices, vieillissement prématuré de la peau et perturbations du cycle menstruel.

Comment retrouver la forme ?

Pourquoi cette peur de grossir qui ne cesse de nous hanter ? Et cette idée fixe de maigrir ? Cela est certes dû, en partie, aux exigences de la mode et aux contre-effets de la publicité. Mais cela est aussi dû, maintenant, aux médecins qui ont su démontrer aux femmes les risques de maladie reliés à l'embonpoint – si l'on ajoute à cela le fait que rester minces nous fait paraître plus jeunes et nous permet de vivre plus longtemps, il vaut le coup de faire quelques efforts.

« La lutte à l'obésité est devenue une course à la perte de poids et la valeur du médecin est trop souvent jugée au nombre de livres perdues dans un court laps de temps », lisais-je récemment dans un magazine. Il serait donc vain de suivre n'importe quel régime seulement parce qu'il a bien réussi à une amie ou à une voisine. Il serait également dangereux de se laisser influencer par certaines publicités ou se laisser tenter par certains traitements qui paraissent miraculeux. Je crois être bien placée pour vous parler de ce sujet puisque j'ai essayé un très grand nombre de régimes au cours de ma vie – plus loin dans ces pages, j'en parlerai plus abondamment.

L'important demeure toutefois de viser à retrouver ou garder sa forme physique car cela a indéniablement un effet positif sur le corps et l'esprit en nous procurant un sentiment de bien-être. Un exercice régulier, qui n'a pas nécessairement besoin d'être épuisant, a de nombreux effets bénéfiques : il aide le cœur et les poumons à mieux fonctionner, abaisse le taux de cholestérol dans le sang, multiplie les vaisseaux sanguins dans les muscles (qui ainsi se raffermissent et se tonifient) et contribue à réduire la tension. L'exercice favorise également le sommeil, freine l'appétit et facilite la digestion. Sur le plan psychologique, l'exercice rehausse l'acuité d'esprit, facilite la concentration, favorise la relaxation et aide à enrayer le stress. Ce n'est d'ailleurs pas pour rien qu'on assiste à un si grand engouement pour l'exercice physique, dont on a aujourd'hui développé des méthodes spécifiques pour chacune d'entre nous. Si le sujet vous intéresse, vous trouverez, dans les centres de conditionnement physique, des gens qui sauront à même de vous conseiller le genre d'exercices dont vous avez besoin.

Cependant, à mon avis, la question d'exercices va bien au-delà des programmes déterminés. Pour moi, tout est prétexte à exercices car, après tout, qu'est-ce que l'exercice physique sinon n'importe quelle activité qui contribue à améliorer notre état physique ? L'été, je fais de la marche – ne serait-ce qu'en faisant de

*Près de la maison, plusieurs fois chaque hiver, je m'offre un plongeon
dans la rivière, tout juste après avoir pris un sauna.*

longues promenades avec mon chien – de la natation, de la bicyclette, je me suis récemment mise à la plongée sous-marine ; l'hiver, je fais aussi de la marche, du ski. Il m'arrive même de me baigner
dans la petite rivière qui passe derrière chez moi ! Je ne fais pas
seulement trempette ; je recrée plutôt le principe des bains finlan-
dais de santé. Je vous en explique le principe : je commence par un
sauna d'une vingtaine de minutes, puis je descends à la rivière où
je me plonge dans l'eau jusqu'à la nuque ; je prends ensuite, pendant une quinzaine de minutes, un bain tourbillon chaud à l'extérieur avant de passer dans une petite pièce dont la température est
approximativement de 65 °F. J'y reste de quinze à vingt minutes, le
temps de profiter d'un léger somme. Puis je recommence. Laissez-
moi vous dire que ce traitement est fantastique !

Mais monter et descendre des escaliers c'est aussi de l'exercice, comme passer la balayeuse, épousseter un meuble et quoi encore. La majorité des tâches ménagères exige un effort physique. En un sens, nous en faisons donc toutes. Mais il faut parfois en faire un peu plus, selon nos besoins.

N'oubliez surtout jamais qu'il ne sert à rien de se lancer à corps perdu dans un programme d'exercices : ça risque de nous lasser rapidement. Il est préférable d'y aller plus lentement mais de persévérer.

Voici tout de même quelques précautions à prendre.

FAIRE DE L'EXERCICE EFFICACEMENT ET SANS DANGER

Consultez toujours un médecin avant d'entreprendre un programme d'exercices, surtout si vous avez plus de 40 ans et n'en avez jamais réellement fait.

Procurez-vous le matériel approprié, mais sans vous lancer dans des dépenses excessives ; dans certains cas, il est plus économique de se rendre dans un centre de conditionnement physique.

Cessez tout exercice dès que vous ressentez la moindre douleur.

Augmentez le degré de difficulté des mouvements petit à petit, mais de façon régulière.

Prévoyez toujours de cinq à quinze minutes de réchauffement et d'étirement avant les exercices – le réchauffement évite les blessures. Consacrez le même temps à la récupération une fois que vous avez terminé.

Établissez votre propre rythme ; n'essayez pas de ralentir ou de vous précipiter pour suivre quelqu'un d'autre.

Choisissez deux ou trois activités qui vous plaisent et adoptez celles-ci au début, elles sont toujours plus faciles à poursuivre.

Considérez les exercices et la bonne forme comme un loisir et une nécessité, et non pas comme un engouement passager. Allez-y donc avec modération pour ne pas vous décourager.

En conclusion : soyez à l'écoute de votre corps, c'est votre meilleur guide.

CHAPITRE HUIT

PETITES DOUCEURS...

UNE PEAU JEUNE RENFERME UNE COUCHE de graisse relativement importante, mais pas excessive ; le derme d'une peau jeune s'avère ferme, élastique, avec une abondante circulation du sang et de la lymphe, et la couche basale de l'épiderme renouvelle les cellules à un rythme très rapide. Ce n'est pas moi qui le dis, mais bien les médecins. Autrement dit, une peau jeune est tout simplement lisse et veloutée, souple et élastique. En vieillissant toutefois, et de cela nous en sommes toutes conscientes, nous perdons l'élasticité naturelle, de là l'apparition des rides. En même temps, le réseau des vaisseaux présents dans le derme devient visible parce que les cellules de graisse se raréfient et que l'épiderme s'amincit. La couleur de la peau change, pour habituellement pâlir. Il arrive aussi parfois, à ce moment-là, que notre peau change de type. De sèche, elle peut devenir grasse, puis de nouveau sèche, ou le contraire.

C'est donc dire que plus nous prenons de l'âge, plus il est nécessaire de lui prodiguer des soins particuliers si nous ne voulons pas que notre peau reflète les années qui passent. Ces soins consistent en une foule de petits détails, de petits trucs, qu'il est aussi agréable que profitable de mettre en pratique. Voici les miens.

Les produits de beauté

J'essaie de gagner le plus de temps possible, surtout dans les activités quotidiennes. Ainsi, je me suis aperçue qu'il fallait avoir de l'ordre – et cela est vrai dans tout. En beauté notamment, où il faut éviter de s'encombrer de trop de produits – d'ailleurs, quand nous en avons trop, il y en a habituellement plusieurs dont nous ne nous servons pas ! Je préfère donc, pour ma part, choisir judicieusement ceux qui me conviennent, qui me sont habituellement conseillés par une esthéticienne ou une cosméticienne ou que j'estime moi-même me convenir.

Quand j'achète un produit de beauté pour la première fois, je prends le plus petit format possible, même si la vendeuse me fait remarquer que le gros est plus avantageux. C'est habituellement vrai. Mais on ne sait jamais si on est allergique à tel ou tel produit ou à telle ou telle marque ; c'est rare mais possible, ou encore on peut ne pas aimer du tout ce produit. Il faut y penser. Ça m'évite ainsi de dépenser inutilement.

J'ai longtemps eu tendance à posséder de nombreux flacons et de nombreux tubes de produits de maquillage. Or, je me suis aperçue, avec le temps et l'expérience, que nous en possédons très souvent plusieurs dont nous ne nous servons jamais.

Depuis, je n'achète que ceux dont j'ai vraiment besoin. En en achetant moins, ça me permet de les payer un peu plus cher et, malgré tout, au bout du compte, j'économise !

J'utilise souvent des masques que je prépare moi-même,
avec des fruits, des légumes ou des plantes.

Voici les produits que j'estime essentiels :

- une base fixante (pour le pourtour des yeux et des lèvres) ;
- un anticerne ;
- un fond de teint fluide ;
- une ombre à paupières en poudre (de la couleur de vos yeux) ;
- un crayon à sourcils ;
- un mascara ;
- un crayon contour pour les lèvres ;
- deux rouges à lèvres (orangé et rosé, idéalement) ;
- une poudre de riz.

Il faudrait aussi, pour compléter cette liste :

• un démaquillant en lait ou en crème, si vous utilisez beaucoup de fond de teint ;
• un lait démaquillant – plus léger – que vous utiliserez aussi le matin, même si vous vous maquillez peu ;
• un tonique doux et un astringent – si vous avez la peau grasse ;
• une crème de soins pour le jour et pour le soir ;
• une crème hydratante de base ;
• un masque.

Ce sont les produits que je possède moi-même et que j'utilise quotidiennement.

FAITES VOS PRODUITS !

Les chimistes – les herboristes d'aujourd'hui – concoctent des produits de beauté à base de fleurs, de fruits, de feuilles, de tiges et de racines. Si vous êtes patiente, vous pouvez préparer vos propres produits, comme j'aime le faire à l'occasion. Voici quelques recettes faciles :

Bruyère
60 g de fleurs de bruyère macérées quinze jours dans 250 ml d'huile d'olive pressée à froid produisent une excellente huile pour les massages légers. Elle guérit aussi les dartres, pâlit les taches de rousseur et diminue les rougeurs.

Camomille
30 g de fleurs de camomille dans 800 ml d'eau donnent une lotion adoucissante pour les yeux. L'infusion des fleurs de camomille, utilisée en dernier rinçage pour les cheveux, a un effet stimulant pour le cuir chevelu. En tisane, elle favorise la relaxation.

Carotte

La carotte a la réputation de rendre le teint clair et de donner une impression de bronzage. Pour la préparation, il faut la râper assez fin pour en faire une pâte et appliquer ensuite la mixture sur le visage. Gardez de dix à quinze minutes avant de rincer à l'eau claire.

Concombre

Pour les yeux fatigués, les poches sous les yeux, les peaux grasses et les teints brouillés, le masque au concombre est tout indiqué, car il rafraîchit et tonifie. On applique de minces tranches de concombre sur le visage et les yeux et on attend de dix à quinze minutes avant de rincer. On peut aussi appliquer le jus de concombre sur le visage, comme une crème, et laisser agir une quinzaine de minutes avant de rincer à l'eau claire.

Menthe

Les infusions de fleurs et de feuilles de menthe rafraîchissent la bouche après un repas trop riche. Elles facilitent et activent la digestion, deux actions dont la peau bénéficie.

Orange

Un simple jus d'orange, additionné d'un tiers d'eau de rose, fait une excellente lotion astringente.

Pêche

Après avoir réduit une pêche en purée, on ajoute quelques gouttes d'huile d'amande douce et on applique sur la peau. Il faut attendre de dix à quinze minutes avant de rincer. Cette mixture convient aux peaux sèches et déshydratées, car elle a un effet hydratant et nourrissant.

Voici maintenant quelques lotions toniques que j'aime bien et que vous pouvez préparer facilement :

Citron

Pressez un demi-citron et ajoutez une quantité égale d'eau pure. Appliquez ensuite sur le visage avec de la ouate, en évitant le contour des yeux. Si vous ressentez de légers picotements, c'est normal. S'ils deviennent désagréables, ajoutez un peu d'eau. Cela est bénéfique pour les peaux grasses et pour les teints brouillés.

Eau de rose

Vous n'avez qu'à mélanger 250 ml d'eau pure à 15 ml d'eau de rose avant d'appliquer sur le visage. Cette lotion est adéquate pour les peaux normales ou déshydratées, car elle produit un effet tonique frais et doux.

Eau de fleur d'oranger

Idéal pour les peaux normales ou grasses, ce tonique est légèrement astringent, même s'il est frais et doux. Le mélange et l'application sont les mêmes qu'avec l'eau de rose.

Miel

Voici un masque facial que j'utilise régulièrement et qui peut profiter à toutes. Il suffit de s'enduire le visage de miel naturel, de laisser agir pendant une dizaine de minutes tout en se tapotant légèrement la figure pour activer la circulation et de bien rincer.

Avocat

Pour nourrir la peau, rien de plus bénéfique qu'un masque à l'avocat. Vous écrasez bien jusqu'à en faire une purée, puis vous vous en enduisez le visage. Vous laissez agir environ cinq minutes avant de rincer.

Ce que vous devez faire chaque jour

Certains détails doivent être surveillés de près parce qu'ils sont de ceux qui peuvent ternir votre beauté, et ce, malgré tous les autres soins auxquels vous pourriez vous astreindre.

• Rappelez-vous de toujours bien nettoyer votre visage, de préférence avec un lait démaquillant et une éponge naturelle.

• Je fais toujours attention à ne pas laisser de démarcation de fond de teint au niveau du menton : le contraste entre un visage maquillé et un cou qui ne l'est pas provoque un effet inesthétique. Pensez le matin, en vous maquillant, à étaler votre fond de teint uniformément jusqu'au bas du cou ; étalez-le en l'atténuant vers le bas et poudrez le cou en entier ; estompez bien pour ne pas tacher vos vêtements.

• Je prends garde à ce que mon ombre à paupières ne fasse pas de plaques. C'est d'abord et avant tout une question de technique. Si vous utilisez une ombre à paupières en poudre, attendez que votre base soit bien sèche avant de vous maquiller. Si vous vous servez d'une ombre fluide ou d'une ombre en crème – dont je ne me sers pas moi-même – poudrez par-dessus, pour fixer avec une poudre incolore. Estompez bien votre poudre vers l'extérieur et n'en utilisez que de très petites quantités à la fois.

• Je garde mes lèvres bien dessinées toute la journée. Un rouge à lèvres mal mis aura tendance à couler légèrement, surtout si vous venez de boire, ou si vous vous mordillez les lèvres. Vous pouvez remédier à la situation en vous servant d'un crayon à lèvres et de poudre. Avec le crayon, tracez le contour de votre bouche avec précision, sans appuyer trop fort, poudrez, puis appliquez votre rouge à lèvres. Retirez l'excédent de rouge avec un papier absorbant. Durant la journée, refaites-le si nécessaire.

Oubliez le cigare et regardez plutôt les lèvres ;
elles sont, ici, parfaitement dessinées.

• J'utilise toujours un brumisateur d'eau Évian après avoir appliqué mon maquillage. Cela me permet de bien le fixer. Si vous n'avez pas de brumisateur, vous obtiendrez le même résultat en utilisant une débarbouillette d'eau froide bien essorée que vous appliquerez sur votre visage.

• Je garde toujours, dans mon sac, une boîte de pilules (vide) ou un petit pot dans lequel je mets de la Vaseline (ça peut aussi être une crème, tel le correcteur crème de Lise Watier), que j'utilise à la commissure de mes lèvres pour leur éviter de craqueler. On peut aussi l'utiliser pour les coins des yeux et le pourtour des ongles.

Il existe aussi d'autres trucs de professionnels qui peuvent nous aider à tirer le meilleur parti de notre maquillage et même à camoufler nos petits défauts ; j'en ai retenu quelques-uns qui m'ont été donnés par des maquilleuses professionnelles et des esthéticiennes. Inutile de vous dire que je les utilise !

• On peut modifier l'apparence de son nez. S'il vous semble trop long, appliquez une touche de fond de teint foncé sur son extré-mité, puis estompez-le. En revanche, si vous le trouvez trop court, utilisez plutôt un fond de teint clair. Si vous avez un nez trop large, étendez un peu de fond de teint foncé sur les côtés à l'aide d'un pinceau afin d'en atténuer les démarcations.

• On peut rectifier le contour de ses lèvres sans difficulté. Par exem-ple, il est possible d'agrandir une bouche trop petite en dessinant son contour au crayon, un peu à l'extérieur des lignes naturelles. Au contraire, si vos lèvres sont trop épaisses, faites le tracé légèrement à l'intérieur.

• J'ai des rides – eh oui ! Vous aussi, probablement. Heureuse-ment, il est possible de les estomper ! Pour ne pas accentuer les rides des yeux, évitez de trop poudrer et appliquez soigneuse-ment le fond de teint. Utilisez idéalement un fard à paupières fluide sec qui permet un tracé précis, idéal pour celles qui ont des ridules.

• Je corrige mes défauts en me fiant à cette règle de base selon laquelle les teintes claires grossissent les volumes, tandis que les couleurs foncées les réduisent. Un cache-cerne ou un fond de teint très clair atténue et dissimule les creux ou les cernes. En revan-che, une teinte foncée affinera les contours du visage.

• Je porte sur le contour des lèvres ce qu'on appelle communé-ment un maquillage permanent, et qui est, en fait, une coloration implantée par micro-pigmentation. La technique est sans douleur, si ce n'est pour les piqûres qui ont pour but de geler les lèvres avant l'implant. Après, on peut ressentir des picotements et souffrir de gerçures, mais ça ne dure guère plus d'une semaine. Cependant, avec le temps, la micro-pigmentation s'estompe, et il faut habituellement recommencer cinq ans plus tard. Sur certaines photos de la section maquillage, vous remarquerez ce détail.

Les secrets d'un bon bain

J'adore prendre un bain et, chaque fois, il est entouré de tout un cérémonial. C'est que je le considère comme un véritable traitement d'entretien de l'organisme, autant du point de vue mental que physique. Sans compter qu'à mon avis, c'est aussi le plus efficace des procédés de rajeunissement. Je m'en fais une fête chaque fois – ça tient à mon état d'esprit qui veut que je tire satisfaction des moindres petites choses de la vie !

Je tamise les lumières de la salle de bains, lorsque je ne les éteins pas complètement pour allumer quelques chandelles ; je mets une musique douce et relaxante et je prépare mon bain selon mon état d'esprit. Parce que, oui, malgré ce que l'on serait porté à croire, il en existe différentes « recettes », ou plutôt de nombreuses variantes. Le bain devient alors ce qu'on pourrait appeler un bain de beauté. Voici quelques suggestions que j'aime bien.

Le bain de lait

Bien entendu, ce n'est pas du lait que vous mettez dans l'eau de votre bain : vous teintez l'eau avec de l'amidon de maïs *(corn starch)*, ce qui calme non seulement les irritations de la peau, mais aussi les nerfs.

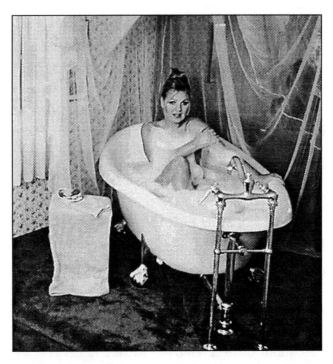

Une façon peu dispendieuse de se détendre : prendre un bain !

Le bain de son

Il donne aussi un bain de beauté blanc. Placez environ 250 g de son dans un sachet ou, mieux encore, dans un bas de nylon – pour ne pas boucher l'écoulement d'eau – et remuez doucement.

Le bain salé

Il a un effet amaigrissant et permet de se débarrasser des toxines. Versez environ un kilo de gros sel marin dans un bain assez chaud. Restez-y une demi-heure. En sortant, rincez-vous rapidement à la douche chaude, enveloppez-vous d'une grande serviette et épongez-vous très vite sans frotter. Couchez-vous sous une bonne épaisseur de couvertures. Vous transpirerez alors abondamment.

Le bain parfumé

Les sels de bain sont très répandus. En plus de leur joli flacon qui peut décorer la salle de bains, ils parfument agréablement l'eau. Les huiles de bain ont sensiblement la même fonction, mais elles ont, en plus, un léger effet adoucissant pour la peau : on peut les recommander, de préférence aux sels, pour les peaux sèches. Ces huiles sont généralement parfumées avec de grands parfums. Certaines d'entres elles produisent de la mousse.

POUR UN BAIN PROFITABLE !

Pour que votre bain soit encore plus profitable, suivez ces quelques règles :

Prenez votre bain avant de vous coucher plutôt que le matin : il fera tomber le stress de la journée et préparera votre repos.

N'entrez jamais dans l'eau d'un seul coup, surtout si le contraste est grand entre la température de l'eau et celle de la pièce.

Si votre visage rougit facilement, posez sur votre front et vos tempes une débarbouillette imbibée d'eau froide.

Au sortir de l'eau, frictionnez-vous avec une crème si vous avez la peau sèche, avec de l'eau de Cologne si vous avez la peau grasse ou normale. Si vous aimez l'eau de Cologne et que vous ayez la peau sèche, utilisez-en une pour bébés, peu alcoolisée et coupée de glycérine.

Le gant de crin naturel est excellent pour les frictions, car il contribue à enlever les petites particules de peaux mortes et à adoucir la peau, sans compter qu'il favorise la circulation sanguine. Pour prendre l'habitude de vous en servir, gardez-le toujours à portée de la main, à côté de la baignoire.

Prenez de l'air... sans maquillage !

Un autre aspect auquel on accorde rarement l'importance qu'il devrait avoir, c'est l'« aération » de notre corps. Notre corps a besoin d'air ; cependant, nos vêtements l'isolent souvent trop bien de l'air ambiant. Pour profiter des bienfaits de l'air, le nudisme est probablement excellent, mais nous n'avons pas toutes le goût de nous y livrer pour autant. Rien ne nous empêche, toutefois, de prendre de temps en temps des « bains d'air ». L'été est naturellement la meilleure saison pour s'y livrer : essayez donc de rester nue chez vous, quelques heures, lorsque vous êtes seule, en gardant les fenêtres ouvertes (en évitant de vous montrer à vos voisins !). On peut aussi dormir sans vêtements ; certains spécialistes affirment que le sommeil est alors plus réparateur. Enfin, lorsque vous sortez ou que vous prenez des marches, faites-le sans vous maquiller, ce qui permettra à votre peau de respirer.

Cependant, si l'air tempéré est bienfaiteur, l'air froid est à la fois le meilleure allié et le pire ennemi de la beauté, nous expliquent les médecins. C'est qu'il améliore le teint, nous donne de belles couleurs et un teint plus frais en contractant les vaisseaux sanguins qui courent sous la peau. À cette contraction succède une dilatation : la peau, froide, a alors besoin de plus d'oxygène pour se réchauffer. Ces mouvements alternatifs des vaisseaux sanguins entretiennent leur jeunesse et leur élasticité. Toutefois, on ne peut oublier que l'hiver et le froid sont également brutaux pour les peaux fragiles quand on ne sait pas les protéger. Si certaines femmes restent pâles tout l'hiver tandis que d'autres rougissent, c'est que la moitié seulement du mécanisme naturel de défense fonctionne, ce qui a pour effet de provoquer l'asphyxie et le vieillissement prématuré. La seule véritable façon de contrer ce problème est de faire ce que je fais depuis qu'on m'en a donné le conseil :

N'ayez pas peur de sortir sans maquillage,
cela permet à votre peau de respirer...

utiliser des crèmes nourrissantes qui sont des protecteurs des parties découvertes du corps, particulièrement le visage et les mains. Grâce à elles, je suis rarement victime de dessèchement et de fendillement de la peau.

AIDE-MÉMOIRE

Tous les matins et tous les soirs, employez un lait démaquillant. Ce lait contient des éléments nutritifs.

De temps en temps, employez, le soir, un masque adoucissant.

Attention à l'eau de toilette, qui risque de provoquer des taches sur la peau exposée au soleil – adoptez plutôt des crèmes de massage pour le corps.

Le cou : on n'y pense jamais assez...

Devant notre miroir, habituellement, nous ne pensons qu'à notre visage : nos yeux, nos lèvres, nos cheveux. On oublie trop souvent de vérifier si notre cou n'a pas quelque défaut. Pourtant, c'est une partie de notre corps importante puisqu'elle est habituellement mise à nu. Et, selon moi, c'est dans l'attitude naturelle du cou que réside l'allure, le maintien.

J'ai subi une liposuccion au cou. Je ne m'y suis pas décidée du jour au lendemain ; d'ailleurs, le problème lui-même est apparu graduellement. Le relâchement de la peau était la conséquence de nombreux facteurs, notamment d'ordre génétique, mais aussi de contre-effets des nombreux régimes que j'avais suivis. Longtemps, j'ai camouflé cette imperfection en ayant recours au maquillage. Mais il vint un moment où cela ne suffisait plus : c'était devenu, véritablement, un problème psychologique. Pis encore, une obsession. Il suffisait, par exemple, lors des répétitions pour une émission de télévision, que je voie un caméraman braquer sa caméra en contre-plongée pour que je perde tous mes moyens. Je les surveillais sans cesse pour tenter de deviner de quel angle ils allaient m'approcher. Quand je voyais sur un moniteur que, malgré tout, je n'étais pas parvenue à dissumuler ce défaut, je me rendais aussitôt voir le réalisateur pour lui expliquer ce que je voulais !

Après un certain temps, je me suis aperçue que ça n'avait plus de sens, qu'il me fallait prendre les grands moyens pour régler ce problème une fois pour toutes. C'est alors que j'ai eu recours à la liposuccion avec le Dr Alphonse Roy, de Québec, qui a su m'expliquer toute la dynamique d'une telle intervention et les soins à apporter par la suite.

Selon moi, si un problème prend des proportions démesurées et si notre budget nous le permet, il n'y a aucune gêne à recourir aux traitements chirurgicaux.

Bien entendu, l'idéal est de pouvoir composer avec le maquillage ou, mieux encore, de prévenir le problème. Il y a des petites choses qu'il faut savoir à propos de cette partie de notre corps. Par exemple, l'eau froide agit sur les fibres du cou et leur permet de conserver une meilleure tonicité par la réaction que produit la différence de température. Idéalement, il faudrait, chaque matin, tremper une serviette repliée plusieurs fois sur elle-même dans l'eau très froide ; la tordre et se fouetter doucement le cou une trentaine de fois avec cette sorte de lanière. C'est un des meilleurs traitement de prévention qui existent.

Au moment du maquillage, ou lorsqu'on fait de l'exercice, on ne pense jamais à son cou... jusqu'à ce qu'il soit trop tard !

UN TRUC !

On peut aussi recourir au cube de glace que l'on promène pendant une trentaine de secondes sous le menton et sur le cou. Il faut, naturellement, protéger la peau d'une flanelle ou d'une gaze en plusieurs épaisseurs, car la glace peut provoquer des rougeurs, voire des brûlures, si on l'applique directement.

Enfin, nombre de crèmes de soins sont conçues spécialement pour le cou et redonnent aux tissus leur tonicité et leur souplesse. Gardez aussi à l'esprit que les soins que l'on prodigue au visage – masques de beauté, massages, crèmes de soins, et même le maquillage – doivent être prolongés sur le devant du cou pour lui donner un aspect aussi soigné que le visage.

Nos mains révèlent beaucoup

Pour les médecins, quatre qualités définissent la main idéale – couleur, sécheresse, chaleur et flexibilité – et sont autant d'indices quant à notre état de santé général.

LES MAINS VIEILLISSENT PLUS VITE... POURQUOI ?

Qu'on le veuille ou non, la peau des mains a tendance à vieillir plus vite que celle de n'importe quelle autre partie du corps.

En voici les raisons :

Nos mains se retrouvent très souvent dans l'eau (vaisselle, nettoyages divers, etc.).

L'hiver, nos mains sont exposées au froid.

Nos mains subissent bien plus de chocs et d'égratignures que toute autre partie de notre corps.

Les psychologues ajoutent leurs observations : pour eux, la forme de nos mains est révélatrice. Par exemple, ils notent que des mains pâles traduisent un caractère mélancolique ; des mains rouges, des tendances colériques ; des mains moites, une attitude renfermée alors que des mains froides trahissent une personnalité inquiète. On y ajoute naturellement de nombreuses variantes. Certes, la forme de nos mains ne dépend pas entièrement de notre volonté, mais il existe néanmoins des moyens qui nous permettent de modifier leur aspect pour les rendre plus élégantes et améliorer leur état.

Un léger massage quotidien est idéal pour favoriser la circulation sanguine et pour affiner vos mains. Chaque fois que vous en avez le temps, massez-vous en descendant du bout des doigts vers leur racine. Vous pouvez augmenter l'effet bienfaisant du massage en utilisant une crème pour les mains.

PETITES SOLUTIONS POUR DE GRANDS PROBLÈMES

Un « facial » pour vos mains

Faites pour vos mains ce que vous faites pour votre visage ? Appliquez une mince couche de masque facial à partir des poignets, en évitant les ongles. Laissez sécher et rincez à l'eau froide.

Adieu sécheresse !

Pour mettre un terme aux problèmes de peau sèche et de desquamation, utilisez une crème exfoliante. Massez doucement vos mains pour la faire pénétrer et rincez.

Traitement douceur

L'huile tiède est excellente pour ramollir les cuticules et adoucir les mains. Faites chauffer de l'huile légèrement et trempez-y vos doigts pendant cinq minutes. Tapotez-les pour les faire sécher, puis repoussez doucement les cuticules.

Mains très abîmées

Un traitement choc pour mains très abîmées : avant de dormir, massez vos mains avec de la Vaseline, puis enfilez des gants de coton. Au matin, vous n'en croirez pas vos yeux ! Les gerçures auront quasiment disparu, et vos mains seront douces. Faites la même chose pour vos pieds, en remplaçant les gants par des chaussettes.

Choisir une crème efficace

Afin de protéger vos mains, vous pouvez y appliquer une lotion pour la peau. Cependant, l'hiver, il est préférable d'avoir recours à un produit spécifique. Optez pour les textures épaisses, riches et émollientes, qui élimineront la sécheresse et les gerçures en pénétrant dans l'épiderme. Certains produits résistent au lavage, mais d'autres doivent être appliqués de nouveau. N'attendez pas que vos mains s'assèchent pour en remettre. En outre, si les crèmes coûtent généralement un peu plus cher que les lotions, elles sont cependant plus concentrées, et la quantité requise est moindre.

Quelques mots à propos des ongles

Outre que, dès l'âge de trente ans, le rythme de crois-sance des ongles diminue, ceux-ci révèlent de façon indiscutable certaines carences de notre organisme. Par exemple : des ongles mous et tachés de blanc indiquent que notre organisme manque de minéraux ; des ongles friables, que nous sommes nerveuses ou avons une alimentation déséquilibrée ; des ongles cassants révè-lent habituellement un problème congénital. On peut les assouplir en les trempant une quinzaine de minutes dans de l'huile d'olive chaude, deux fois par semaine.

Pour mettre vos mains en valeur, vous devez les connaître.
Vous saurez ainsi comment corriger leurs petits défauts et les placer
de manière à les mettre en évidence.

COMMENT EN AMÉLIORER L'ASPECT

Pour les ongles fragiles, faire des bains d'huile tiède dans laquelle vous aurez ajouté du jus de citron ou de la teinture d'iode blanche ; mettez également une ou deux gouttes de teinture d'iode dans votre vernis de base.

Pour que la peau de vos mains reste fine et souple et que votre crème à main pénètre bien, comme sur votre visage, pensez à exfolier les cellules mortes.

Évitez d'utiliser les séchoirs à air chaud que l'on trouve dans les toilettes publiques.

Portez des gants chaque fois que vous faites des travaux ménagers, du jardinage ou du bricolage.

Essuyez très soigneusement vos mains lorsqu'elles sont mouillées. Massez vos mains le plus souvent possible avec une crème pour les mains en insistant sur les jointures et autour des ongles.

Faites partir les pellicules mortes en frottant vos mains avec du marc de café avant de les rincer. C'est excellent !

Maintenez vos ongles de la même longueur, nus ou avec une base, plutôt qu'avec du vernis de couleur écaillé.

D'autre part, j'ai remarqué, en regardant des photos, que mes doigts paraissent plus longs lorsque je porte un vernis transparent ou de couleur chair – un vernis foncé laisse une démarcation trop nette entre les ongles et les doigts.

Jouez à la manucure !

Idéalement, il faut se rendre chez une manucure et choisir ce que j'appelle une artiste plutôt qu'une simple technicienne ; celle-ci saura vous prodiguer les soins dont vous avez besoin et vous proposer des solutions intéressantes. Pour ma part, je porte des ongles en résine ; la professionnelle que je fréquente depuis maintenant six ans, Caroline, réussit toutefois si bien son travail – et c'est là la signature d'une artiste – que rien n'y paraît. C'est la raison pour laquelle je n'en exagère jamais la longueur. Retenez toujours qu'un travail bien fait consiste justement à ne pas laisser deviner que les ongles sont artificiels. Insistez toujours pour que leur apparence se rapproche le plus de celle de vos ongles naturels, surtout en ce qui concerne les proportions. Pour ma part, si j'ai choisi ce type d'ongles, c'est que j'ai des ongles mous, d'entretien difficile, et que les ongles en résine me permettent de gagner du temps, ce qui ne signifie pas qu'ils demandent moins d'entretien que des ongles naturels.

Quand on va chez une manucure, c'est aussi pour se faire faire un traitement des mains. C'est un petit soin que j'aime m'offrir de temps à autre. Cependant, entre mes rendez-vous, je le fais moi-même. Nous n'avons besoin que de peu d'accessoires et de produits : du dissolvant, de préférence sans acétone, de la ouate, du papier-tissu, un bol d'eau savonneuse, des limes d'émeri, un bâton d'oranger, un coupe-ongles, de la lotion pour les mains, une base adhésive, du vernis et une laque fixante.

Vous commencez par retirer votre ancien vernis à l'aide du dissolvant et d'une boule d'ouate ; exercez une pression à partir de la racine jusqu'au bout de l'ongle pour bien dissoudre le vernis.

UN PETIT TRUC !

Gardez vos vieux bas de nylon, ils sont fantastiques pour retirer le vernis. Vous en découpez un petit morceau que vous imbibez de dissolvant sans acétone et... le tour est joué !

Après avoir taillé vos ongles dans une forme carrée, limez-les avec une lime d'émeri douce, toujours dans le même sens, et en évitant les mouvements de va-et-vient. Faites alors tremper vos doigts dans l'eau savonneuse pendant cinq minutes. Essuyez vos mains, appliquez un peu de crème, faites-la pénétrer par des pressions circulaires pour assouplir le contour de l'ongle. Puis, avec un bâton d'oranger, ouaté à l'extrémité si la peau est sensible, repoussez les cuticules en les décollant doucement de l'ongle. Ne coupez que les peaux relevées, gardez l'ourlet foncé autour de l'ongle. Essuyez-vous et massez vos mains avec la lotion, en insistant sur les cuticules et les jointures. Retrempez ensuite les doigts dans l'eau pour enlever l'excès de lotion et essuyez-les de nouveau.

Appliquez la base adhésive, puis appliquez deux ou trois couches de vernis. Vous pouvez achever le traitement en appliquant une laque fixante pour augmenter la durabilité du vernis.

TRÈS UTILE...

Utilisez un petit crayon blanc, conçu spécialement à cet effet, pour masquer les taches sur les ongles. En outre, vous pourrez donner l'impression d'un ongle plus long si vous ne masquez que les côtés de l'ongle...

Et les pieds..

S'il est une autre partie de notre corps trop souvent négligée, ce sont les pieds. Peut-être parce que beaucoup s'imaginent qu'une fois cachés par les bas et les chaussures, ils passent inaperçus. C'est faux. Les pieds fatigués influenceront votre démarche et, s'ils sont douloureux, cela se reflètera immanquablement sur votre visage. Non, vraiment, il n'y a rien de pire que des pieds négligés, et c'est la raison pour laquelle il vaut la peine de leur prodiguer des soins, comme on le fait pour les autres parties de notre corps. Ils doivent faire l'objet d'une attention constante, surtout s'ils sont affligés d'oignons, de cors, d'ongles incarnés ou d'autres maux. La prévention se fait au moment d'acheter une paire de chaussures ; frottez-en l'intérieur du bout de vos doigts pour sentir s'il n'y a pas de protubérances qui pourraient blesser vos pieds ou causer de la corne.

Si l'intervention d'une pédicure peut s'avérer essentielle pour certains soins et traitements des pieds, il y en a d'autres que vous pouvez faire vous-même à la maison.

• Trempez vos pieds dans de l'eau savonneuse environ cinq minutes, puis brossez-les avec une brosse à poils durs.

• Utilisez une pierre ponce pour enlever les peaux durcies qu'on retrouve habituellement sous la plante des pieds, à l'arrière du talon et dans le prolongement du gros orteil.

• Appliquez une lotion hydratante sur vos pieds et massez-les pendant quelques minutes pour bien la faire pénétrer.

• Donnez-vous ensuite un traitement des pieds en utilisant la même technique que pour les mains – telle que décrite dans les pages précédentes. Cependant, vous pourrez améliorer la qualité de ce traitement en vous enduisant les pieds de parafine chaude – donnez cinq couches – en prenant soin de les couvrir de sacs de plastique. Laissez agir vingt minutes. Cela donne une peau plus douce, nettoie les pores et redonne leur gras naturel aux pieds.

• Chaque fois que vous sortez de l'eau, du bain ou de la douche, prenez bien soin de vous essuyer entre les orteils. On oublie souvent de le faire – ou on omet cette opération pour gagner du temps. Pourtant, l'eau que l'on n'essuie pas peut provoquer des crevasses.

• Enfin, une petite mise en garde : évitez de vous promener pieds nus. J'ai moi-même tendance à le faire trop souvent. Marcher sur le gazon, sur le sable sec ou sur le tapis à la maison peut être agréable mais... très nuisible à la santé de vos pieds, car, ce faisant, vous leur enlevez le gras naturel qui les protège. Si vous marchez sur le bord de la mer, marchez dans l'eau et non sur le sable sec, ce qui est très bon pour la circulation tout en gardant l'humidité des pieds.

Prenez soin de vos cheveux

Il y a des trucs simples pour avoir des cheveux sains et beaux. Pour ma part, j'ai des cheveux « normaux ».

Je me brosse les cheveux régulièrement pour enlever la poussière, pour stimuler les muscles du cuir chevelu et la circulation sanguine. Je me sers d'une brosse en soies naturelles et je vais, comme on me l'a conseillé, d'arrière en avant, dans un mouvement circulaire, en commençant près des oreilles. Je me fais aussi des massages du cuir chevelu pour détacher les couches mortes de la peau ; ces massages activent la circulation. Et, lorsque je suis à la maison, je ne mets aucun produit sur mes cheveux. Je les laisse respirer et produire les huiles naturelles nécessaires à une bonne croissance.

DES CHEVEUX BRILLANTS

On me dit souvent que j'ai les cheveux brillants. Ma recette est pourtant simple : je me lave les cheveux avec de la bière et je les rince toujours abondamment à l'eau froide...

Il existe aussi une autre recette : se laver les cheveux avec de l'eau et du vinaigre. Le résultat est également excellent.

Je n'utilise jamais de crème de rinçage, car cela alourdit le cheveux avant la mise en plis.

Enfin, j'inscris à mon régime alimentaire de la vitamine B_5, qui est excellente pour les cheveux.

D'autre part, il est toujours préférable d'utiliser des peroxydes et des teintures en crème, car ces produits sont beaucoup plus doux pour vos cheveux.

Noire, rousse ou blonde, peu importe, à condition d'avoir un coloriste
qui sache aussi s'occuper de la santé de vos cheveux. Certes, on ne voit pas ici
toutes les nuances, mais elles n'en sont pas moins importantes.

Il ne faut pas oublier non plus que notre régime alimentaire joue un grand rôle pour la santé et l'apparence de nos cheveux. Comme ils sont constitués à 98 % de protéines, il est très important, pour leur croissance, de leur donner un régime équilibré comprenant beaucoup de protéines, des quantités modérées de graisses et de carbohydrates, et de vitamines (surtout la vitamine B).

QUEL EST VOTRE TYPE DE CHEVEUX ?

Cheveux normaux
Ils présentent généralement peu de problèmes et restent nets et propres plusieurs jours.

Cheveux gras
Ils doivent être lavés souvent, plusieurs fois par semaine, parfois tous les jours à cause de l'excédent de graisse sur le cuir chevelu.

Cheveux secs
Leur sécheresse peut être due au manque d'humidité du climat, au vieillissement, ou à un type naturel de peau ; ils sont rêches et cassants et perdent généralement leur brillant peu de temps après le shampooing.

Cheveux décolorés ou teints
Ils ont été traités avec un agent alcalin et un produit neutralisant qui a « dégagé » le cheveu pour admettre la nouvelle couleur et l'y maintenir.

Cheveux cassés
Pour celles qui ont les cheveux cassés, un petit truc simple : enduisez vos cheveux de mayonnaise, couvrez-les ensuite avec une serviette humide chaude et laissez agir pendant une quinzaine de minutes.

Quelle coiffure adopter ?

J'ai trois coiffeurs, les mêmes depuis des années : Jacques Robidoux, Jean-Claude Quévillon et Alvaro. Tous les trois sont également de bons amis. C'est d'ailleurs un conseil que je donnerais à toutes les femmes : faites de votre coiffeur un ami, car il saura mieux vous comprendre et mieux identifier vos attentes. Dans mon cas, je vois l'un ou l'autre selon mes besoins et mon état d'esprit du moment.

Tout au long de ma vie – ce n'est un secret pour personne – j'ai eu les cheveux de différentes couleurs. Ils furent noirs pendant si longtemps que les gens croyaient que c'était ma couleur naturelle. J'ai eu les cheveux roux de temps à autre – et il n'est pas dit que je n'y reviendrai pas – parce que c'est non seulement une couleur que j'aime, mais aussi une couleur qui correspond à la pigmentation de ma peau. J'ai adopté les cheveux blonds ces dernières années.

Ma couleur naturelle étant le châtain clair, j'utilise mes cheveux blancs pour créer l'impression de mèches. J'aime bien cette couleur parce qu'elle adoucit les traits, ce qui convient très bien aux personnes qui prennent de l'âge.

Aller chez le coiffeur – c'est le cas pour moi et ce devrait être la même chose pour toutes les femmes – ne doit pas être un événement ; c'est un soin, tout simplement. Adopter cette attitude nous permet d'éviter d'être stressée lorsqu'on s'y rend et nous laisse tous nos moyens pour décider ce que nous voulons. Et notre coiffeur, s'il nous connaît, peut vraiment nous conseiller. J'ai trop souvent entendu la phrase : « Je ne peux pas trouver une coupe de cheveux qui m'aille vraiment ! » Dans la majorité des cas, les femmes – et je ne fais pas exception ! – ont tendance à critiquer le talent du coiffeur parce que le résultat n'est pas ce

Avec les cheveux noirs, j'ai trouvé ma personnalité, même si ce n'était pas ma couleur naturelle.

qu'elles désiraient, c'est-à-dire, souvent, que la coiffure réalisée ne correspond pas à la photographie que nous avions apportée. La raison en est simple : nous ne sommes la copie de personne. Chacune d'entre nous présente une image différente, qui varie même selon les moments et les activités.

Voilà tout autant de facteurs auxquels il faut penser quand nous décidons de choisir une coiffure. Ce n'est pas une chose qui doit être faite sur un coup de tête, et il ne faut pas non plus demander de ressembler à qui que ce soit. Nous devons être nous-mêmes, avec nos caractéristiques et notre style propre.

Pour trouver la coiffure qui nous convient, les stylistes, comme Jacques Robidoux ou Alvaro, tiennent compte de plusieurs éléments. Il en est de même pour le coloriste ; Myriam

On peut adapter notre coiffure à nos activités et ne rien perdre de son charme.

Pelletier, du salon Jean-Claude Quévillon, sait me donner satisfaction. Les facteurs qui ont une certaine influence sont aussi nombreux que différents. Parmi ceux-là : notre grandeur, notre poids, l'état de nos cheveux, la façon dont nous nous habillons, notre occupation, notre style de vie et notre personnalité. Notre taille et notre poids sont importants en ce sens que notre coiffure doit être équilibrée et proportionnée avec le reste de notre corps ; la façon dont nous sommes habituellement vêtues dépend souvent de nos occupations. La plupart d'entre nous avons une vie active. Que l'on soit mère de famille, employée de bureau ou chanteuse, il faut s'assurer que notre coiffure ne demande pas trop d'entretien ou de temps le matin. Outre ces aspects pratiques, il faut aussi tenir compte de notre personnalité et de nos goûts. Ce sont là des éléments éminemment personnels.

COIFFURE ET FORME DU VISAGE

Une figure ronde nécessite une coiffure plus haute, alors qu'une figure allongée devra éviter les coiffures en hauteur, en prévoyant une frange si le front est haut. Une figure carrée sera mise en valeur par des cheveux gonflés sur les côtés et le dessus de la tête, avec les tempes plates. Enfin, une figure ovale est généralement considérée comme la forme parfaite.

Il s'agit là de cas types ; gardez à l'esprit qu'avec le maquillage, on peut corriger tant de choses que cela permet différents styles de coiffure.

Pour vous faire une idée, regardez-vous bien dans un miroir : tirez vos cheveux vers l'arrière, remarquez votre profil, votre nez, vos pommettes, votre menton et votre bouche. Examinez quel détail de votre visage vous préférez en laissant tomber tranquillement vos cheveux. Si ce que vous aimiez dans votre figure ne vous plaît plus autant, c'est que votre coiffure ne vous convient pas. La coiffure parfaite est celle qui met en valeur vos plus beaux traits et attire automatiquement l'œil vers eux.

Enfin, il vous devrez tenir compte que changer la couleur de vos cheveux peut signifier aussi modifier votre garde-robe. Certaines couleurs de cheveux appellent certaines couleurs dans l'habillement. Mon expérience m'a permis de noter qu'une femme aux cheveux noirs est mise en évidence par des vêtements où le noir, le blanc ou le rouge domine ; une rousse devra privilégier le vert et le blanc, de même que tous les tons de pêche et de saumon ; une femme aux cheveux blonds attirera l'attention en portant du noir ou des vêtements aux tons pastel. C'est important de le savoir – et d'en tenir compte – parce qu'un changement de couleur pourrait vous coûter bien plus cher que vous ne le croyez !

MISE EN GARDE

Ne vous faites jamais donner une permanente en même temps que vous vous faites teindre les cheveux. Choisissez l'une ou l'autre, jamais les deux. Cela abîmerait vos cheveux pour plusieurs mois. Moi, je vous conseille la teinture, quitte à vous faire friser lorsque les circonstances l'exigent.

CHAPITRE NEUF

LES BIENFAITS
DES SOINS PROFESSIONNELS

POUR DE NOMBREUSES FEMMES, L'UNIVERS des soins de beauté dispensés par des professionnels, des esthéticiennes surtout, demeure un monde aussi mystérieux que plein de promesses. En réalité, à l'exception des médecins spécialistes de certaines disciplines en relation avec l'esthétisme, beaucoup de professionnels des soins de beauté et de santé ont simplement appris à exécuter avec plus d'habileté des choses que nous pouvons faire nous-mêmes.

Avec le temps et par leurs études, certains sont devenus de véritables spécialistes de la peau ; plusieurs ont suivi un apprentissage spécifique de leur technique individuelle, tandis que d'autres ont acquis leurs connaissances par la pratique. La grande majorité de ces professionnels sont devenus des experts et des thérapeutes exceptionnels qui ont mis au point leurs techniques et fabriquent même parfois leurs propres produits.

Une question, cependant, revient inlassablement : ces soins justifient-ils la dépense ? Effectivement, certains traitements de beauté peuvent parfois être coûteux, mais je crois que c'est un petit extra que l'on doit s'offrir à l'occasion. Chacune peut d'ailleurs décider de son propre rythme ; toutefois, je dirais qu'une fois tous les mois ou tous les deux mois est suffisant, à la condition de poursuivre ces traitements à la maison, comme l'esthéticienne nous le conseillera elle-même. Ça devient à nouveau une question de discipline, sur laquelle je n'insisterai jamais assez – à preuve, toutes ces références que j'y ai faites dans les pages de ce livre.

Les soins de l'esthéticienne

Il existe différents traitements qui peuvent être prodigués chez une esthéticienne. Le plus demandé reste toutefois le traitement facial, qui consiste en soins quotidiens améliorés auxquels on ajoute un masque et un massage – que l'on reçoit en position couchée. Il dure environ une heure, parfois un peu plus, et a d'abord et avant tout comme objectif de nous détendre, de nous procurer une sensation de bien-être et de beauté et, enfin, de nettoyer notre peau en profondeur.

Il existe plusieurs types de traitements faciaux, mais les soins de base demeurent sensiblement les mêmes. Vous êtes en général étendue sur une table de traitement, dans une pièce tamisée, où seul un projecteur est braqué sur votre visage, lorsque cela est nécessaire.

Avant toute chose, l'esthéticienne procède au nettoyage de la peau du visage et du cou. Pour déloger en douceur toutes les impuretés qui se sont accumulées sur l'épiderme au cours de la journée, elle y applique un lait, puis une lotion. Cette opération, loin d'être superflue, fait partie des soins d'hygiène quotidiens que vous devriez d'ailleurs effectuer vous-même, matin et soir, à la maison. Pendant qu'elle nettoie votre visage, l'esthéticienne en profitera pour vous poser quelques questions et vous donner des conseils, s'il y a lieu.

Une fois qu'elle aura déterminé quel est votre type de peau et quels sont ses problèmes spécifiques, elle pourra commencer les soins. Si vous avez une peau grasse, favorisant les comédons (points noirs) ou l'acné, elle appliquera un produit désincrustant, qui a pour effet d'assouplir le sébum durci dans les pores de la peau et d'accélérer le processus de mûrissement des boutons (et surtout, chez vous, n'allez jamais y toucher, vous empireriez la situation !). Si votre peau est très congestionnée, elle aura recours à un produit calmant, qui désensibilisera l'épiderme et atténuera les rougeurs ainsi que les marques de couperose (petits vaisseaux éclatés, à la surface de la peau). Enfin, dans le cas d'une peau dévitalisée ou ridée, elle effectuera un traitement revitalisant qui réhydratera la peau en profondeur, ranimant la vie cellulaire et redonnant au teint une belle couleur rosée.

L'esthéticienne procède ensuite à l'extraction des comédons, la partie la moins agréable du traitement. Cependant, cette opération n'est pas toujours nécessaire ni toujours possible. En effet, si c'est la première fois que vous recevez des soins de beauté ou que ceux-ci remontent à trop loin dans le temps, il sera peut-être difficile d'en extraire beaucoup au cours de cette visite, notamment si votre peau est desquamée et présente des points noirs durcis.

Après ce mauvais moment vient heureusement la récompense : l'esthéticienne applique un sérum correcteur spécifique, puis fait un massage du visage à l'aide d'une émulsion ou d'une crème. Ce massage est extrêmement relaxant, et sa durée varie en fonction des soins que vous avez reçus auparavant. Toutefois, dans

Si vous pouvez vous le permettre, les soins de
santé professionnels sont toujours bénéfiques.

certains cas, par exemple si la peau présente de l'acné, l'esthéticienne ne fera pas de massage, afin d'éviter la propagation des
bactéries.

Le masque représente une étape très importante des
soins de beauté puisqu'il vient parachever, en quelque sorte, le travail déjà accompli. En fonction de votre type de peau, l'esthéticienne appliquera un produit à effet nettoyant, éclaircissant,
adoucissant, hydratant, nourrissant, astringent, cicatrisant ou toni-
fiant. La durée d'application de ce masque sera de vingt minutes
ou plus, selon le produit. Enfin, la peau est soigneusement net-
toyée, puis enduite d'une crème de protection adéquate.

Pour combattre le stress, apprenez à vous détendre – il y a plusieurs façons de le faire. Notez qu'à ces moments, il ne sert à rien de se maquiller.

À la fin de votre visite, l'esthéticienne vous indiquera à quelle fréquence vous devriez recevoir des soins de beauté, vous recommandera quelques produits et vous conseillera quelques soins que vous pourrez vous administrer à domicile.

Les traitements beauté-santé spécialisés

Les soins de beauté-santé corporels visent l'amélioration de l'aspect de la peau et le raffermissement du corps ; à mesure que l'on prend de l'âge, il faut bien le reconnaître, les soins du corps exigent autant d'attention que ceux du visage, mais on s'en préoccupe habituellement moins. Pourtant, si nous voulons rester jeunes et en forme, notre allure et notre silhouette sont de la pre-

mière importance. Certes, il y a des coûts rattachés à tous ces traitements, mais je crois honnêtement qu'ils en valent la peine ; il
faut les voir comme de petits cadeaux que l'on se fait à l'occasion.

Parmi les nombreux traitements offerts – et, avec le
développement des médecines douces, il y en a de plus en plus –
il y en a quelques-uns que j'aime particulièrement, notamment le
massage, le sauna, l'algothérapie, l'aquaforme, etc.

Offrez-vous un séjour dans un spa

Il existe maintenant d'excellents spa au Québec. Pour
ma part, je fréquente le Centre de santé d'Eastman, dans l'Estrie.

Malgré sa popularité sans cesse croissante, ce genre
d'endroit reste relativement peu connu du grand public qui, bien
souvent, s'imagine que ce sont des établissements réservés à une
élite. Ce n'est pas le cas. Le coût d'un séjour n'y est pas si élevé
qu'on se l'imagine. Toutes proportions gardées, un séjour d'environ cinq ou six jours dans un tel centre ne vous coûtera pas plus
cher qu'une semaine passée en Floride, et vous en retirerez un bénéfice extraordinaire, sans compter qu'un tel séjour peut être
plus enrichissant qu'une semaine de *farniente* au soleil. D'autre part,
surtout pour un premier essai, vous pouvez opter pour un séjour de
deux ou trois jours – un *week-end* peut-être ?

Si certaines femmes se rendent là-bas pour y perdre
du poids, les bienfaits qu'elles en retirent sont en réalité beaucoup
plus importants. Les meilleurs spa sont de véritables cliniques de
santé et de remise en forme avec leurs thérapeutes qui nous en
apprennent énormément sur nous-même et notre état de santé.
On nous fait notamment prendre consience, par le biais de notre
régime quotidien et de séances d'information, des exigences de
notre organisme et des problèmes qui peuvent être provoqués par

une santé déficiente. Nous sommes alors mieux en mesure de tirer profit de ces informations et de rééduquer notre système de façon à nous ajuster. Un premier séjour dans un spa vous enchantera ; il vous fera constater à quel point vous vous sentez belle et en forme après quelques jours de discipline et d'efforts corporels.

Que se passe-t-il dans un spa ?

Il existe différents types de centres de santé qui ont chacun leurs caractéristiques, tant sur le plan des traitements que de l'alimentation – c'est d'ailleurs là que j'ai découvert pour la première fois l'alimentation végétarienne, qui est excellente, soit dit en passant. Mais on ne nous oblige à rien ; si on le désire, on peut garder une alimentation normale, mais contrôlée. Les séances d'exercices et les traitements d'hydrothérapie sont sensiblement les mêmes dans chaque centre puisque ces soins découlent de vieilles traditions européennes. Les centres d'aujourd'hui en ont repris les principes, et la majorité des traitements ou des cures ont recours à l'utilisation de l'eau, qui a toujours été considérée comme un élément régénérateur. Hydrothérapie, algothéraphie, bains de boue, massages sous l'eau ne sont que quelques-uns des traitements les plus recherchés – et les plus appréciés.

Pour ma part, il y a certains traitements dont j'apprécie tout particulièrement les effets : l'irrigation du côlon, le drainage lymphatique et les traitements pour les jambes (celles-ci me causent d'ailleurs les plus importants problèmes). Il y a aussi le nettoyage des oreilles avec des chandelles chauffées et encore bien d'autres traitements qui mériteraient à eux seuls tout un livre !

Cependant, un des aspects les plus importants d'une cure dans un spa est sans conteste la tranquillité et la quiétude dans lesquelles nous sommes plongées : nous sommes obligées de nous détendre, de nous laisser aller, d'éloigner de notre pensée le stress et les soucis. La cure a sensiblement les mêmes effets qu'une retraite fermée et nous permet ainsi une véritable prise de conscience, tant sur le plan mental que physique. C'est la raison pour laquelle quelques jours sont nécessaires pour nous permettre de tirer un véritable bénéfice de ce séjour – c'est aussi la raison pour laquelle la plupart de ces centres nous conseillent un séjour d'une durée minimum de trois jours.

Utilisez le stress à votre profit

Le stress, qu'il soit dû au surmenage ou aux tensions émotionnelles, nous fait vieillir avant notre temps, comme on le dit communément ; il en est de même avec les émotions et les pensées négatives, qui nous rongent et nous étouffent. J'ai travaillé sur tous ces plans, cherché à corriger ces attitudes parce que j'ai réalisé, avec le temps, que c'est un état d'être qui nous vide littéralement. Je l'avoue, on ne parvient pas à se corriger du jour au lendemain, et je fais encore aujourd'hui les efforts qui s'imposent. Question de discipline, toujours...

Bien sûr, pour moi comme pour vous, la vie est faite de contraintes et de pressions. De ce fait, nous vivons toutes certaines formes de stress. Les spécialistes s'accordent cependant à dire que, si nous apprenons à le contrôler, à contrebalancer ses effets et l'énergie qu'il exige de nous par du repos et de la détente, il peut avoir des effets bénéfiques. À ce moment-là, nous en faisons en quelque sorte un outil constructif. Pour ma part, j'ai toujours réussi à évacuer le stress par divers moyens ; je me suis toujours accordé le repos dont j'avais besoin et je pratique plusieurs sports, notamment la marche, la natation, le ski et la bicyclette.

Les animaux sont une présence réconfortante.
Ils peuvent nous aider à évacuer le stress.

Il faut dire que, pendant plus de vingt ans, j'ai été confrontée à des problèmes qui m'ont obligée à réfléchir, et je me suis aperçue que, plus les problèmes étaient nombreux, plus mes réflexes devenaient rapides, et plus je parvenais à trouver facilement les solutions dont j'avais besoin. J'ai aussi remarqué que certaines personnes de mon entourage avaient parfois même besoin de stress pour commencer à agir.

C'est donc quelque chose de personnel et c'est la raison pour laquelle il faut être à l'écoute de son corps. Je crois que nous pouvons établir notre degré de résistance au stress à la longue et en nous penchant sur nos attitudes quotidiennes. Nous pouvons découvrir dans quel état nous sommes au mieux pour agir.

Notre mode de vie joue sur notre physique

Dans la très grande majorité des cas, j'ai constaté que c'est un manque d'organisation dans la vie quotidienne qui provoque le stress, plutôt que les tâches auxquelles nous sommes astreintes. De tout petits problèmes peuvent alors se transformer en montagnes. Il faut donc remettre les choses à leur place et leur accorder l'importance qu'elles méritent.

Pour contrer ce problème, j'ai toujours mon agenda à portée de la main pour noter les choses que j'ai à faire et rayer celles que j'ai faites. Beaucoup de ces choses qui auraient pu devenir un fardeau sont ainsi réglées en peu de temps. Quand je n'arrive pas à faire dans une journée tout ce que j'avais planifié, je reporte sur la page du lendemain ce qui reste à faire. De cette façon, je n'oublie jamais rien et je ne suis jamais prise au dépourvu.

Pour y parvenir, il faut naturellement de la discipline, et tout le monde n'en a pas nécessairement – c'est la raison pour laquelle j'ai accordé une si grande place au sujet dans la première partie de ce livre. Il faut donc vous obliger à bâtir un horaire en allouant un temps précis à chaque tâche. Lorsque vous vous mettrez à leur réalisation, vous serez étonnées de constater que vous pouvez les accomplir rapidement et sans problème.

CHAPITRE DIX

ALIMENTATION ET CONTRÔLE DU POIDS

D EPUIS PLUS DE DIX ANS, JE SURVEILLE attentivement la façon dont je m'alimente et j'ai découvert que le secret d'une bonne alimentation réside dans l'équilibre et le compromis, c'est-à-dire trouver la façon de nous alimenter qui nous convienne – et essayer le plus possible de nous y tenir – mais aussi accepter quelques (rares) écarts aux règles que nous nous fixons. Le plus difficile, c'est de commencer, comme sur bien des plans d'ailleurs. Après, avec un peu de discipline et beaucoup de bonne volonté, nous pouvons cependant y parvenir sans difficulté, et même sans regret.

Par exemple, j'ai abandonné peu à peu tous les aliments, particulièrement les gras et les sucreries, qui avaient des effets négatifs sur ma santé. Au début, ça ne s'est pas fait sans peine : je regardais avec envie certains plats qui me passaient sous les yeux et dont l'arôme était plus que tentateur. Mais je me suis entêtée. J'ai gardé mon objectif en vue et, presque toujours, je suis parve-

nue à dire non. Les choses ont changé avec le temps, avec les semaines et les mois ; si bien que certains aliments qui me tentaient
auparavant en sont venus à ne même plus m'attirer. Ce n'est pas
moi qui me les refusais, mais mon organisme, mon système, qui
n'en avait plus le le goût. C'est une évolution qui ne se fait pas du
jour au lendemain, bien sûr, mais qui nous permet néanmoins, au
fil du temps, d'adopter un régime alimentaire sain et équilibré et
de nous y tenir sans difficulté. Et si ç'a été mon cas, ça peut aussi
devenir le vôtre.

Si vous n'avez aucune idée de ce que peut être un
régime alimentaire équilibré, je vous conseille de jeter un coup d'œil
au Guide alimentaire canadien, qui vous permettra de vous fixer
des balises, en ce sens que vous découvrirez les règles de base qui
vous permettront de réajuster vos habitudes alimentaires afin de
maintenir votre poids et votre santé à leurs niveaux optimaux.

À PROPOS DU GUIDE ALIMENTAIRE CANADIEN

C'est un guide qui vous aidera à faire de bons choix
alimentaires. Il se présente sous la forme d'un arc-en-ciel qui répar-
tit des aliments en quatre groupes : produits céréaliers, légumes et
fruits, produits laitiers, viandes et substituts. Il indique aussi des types d'aliments pour bien vous nourrir.

Il comprend un tableau des proportions qui vous aidera
à décider quelle quantité vous devriez manger dans chaque groupe
alimentaire dans une journée.

Enfin, des encadrés indiquent comment les aliments qui
ne font pas partie des quatre groupes peuvent jouer un rôle dans
une saine alimentation.

Vous pouvez en obtenir gratuitement un exemplaire en
communiquant avec Santé Canada au (613) 954-5995.

Il faut bien prendre conscience qu'une alimentation saine et équilibrée est essentielle si l'on veut se sentir jeune et en forme. Malheureusement, malgré toutes les mises en garde qui nous sont servies depuis des années, il nous faut trop souvent être acculée au pied du mur pour accepter de modifier notre façon d'être et de faire ; nous consommons des quantités toujours trop grandes de sucre et de gras, notamment, et les aliments préemballés ou en boîte et les céréales raffinées font toujours partie de notre alimentation de base. Ce sont des choix qu'il nous faut absolument modifier.

Force nous est de constater que de nombreuses personnes arrivent à l'âge mûr en souffrant d'embonpoint ou d'une maladie due à un régime alimentaire incorrect. Lorsque ces inconvénients apparaissent, on se dit habituellement qu'il s'agit là de problèmes inévitables rattachés au vieillissement. Ce n'est pas le cas. Certaines recherches sur la longévité soulignent, entre autres, que les carences nutritionnelles sont la cause principale du vieillissement prématuré ; non pas que nous ne mangions pas suffisamment, mais notre alimentation ne contient pas assez d'éléments nutritifs essentiels. Ce qui revient à dire qu'avec un régime préventif, de nombreux problèmes peuvent être évités ; le corps conserve alors beaucoup plus longtemps sa forme et sa force. Du coup, nous minimisons les risques de maladies telles que le diabète, l'hypertension, les maladies cardiovasculaires, la crise cardiaque et beaucoup d'autres encore...

Un jour, j'ai fait mon choix et j'ai décidé qu'une saine alimentation allait faire partie de mon mode de vie. J'ai fait une croix sur cette insouciance que j'avais vis-à-vis la question. Dans mon cas, il s'agissait aussi d'un manque de temps et des horaires qui n'avaient rien de fixe et qui me faisaient souvent manger très tard le soir. Plus tard, lorsque j'ai retrouvé des horaires plus normaux, j'ai néanmoins continué par habitude.

Toutefois, après avoir décidé que j'allais surveiller mon alimentation, j'ai compris pourquoi, jusque-là, je m'étais alimentée de façon plus ou moins rationnelle. C'était une affaire de facilité ; nous vivons dans une société où l'on est encouragée à agir rapidement pour passer tout aussi rapidement à autre chose. Si cela est vrai sur le plan du travail, de la consommation, ça l'est aussi sur le plan de l'alimentation : nous trouvons des restaurants de *fast food* à chaque coin de rue, et ils nous permettent de manger sans perdre de temps et à moindre coût – les aliments précuits, surgelés, empaquetés sous vide et autres visent le même but. Comment ne pas céder alors que, justement, on nous répète sans cesse que le temps est compté, que nous n'en avons pas à perdre...

Ce faisant, on oublie que s'alimenter, ce n'est pas seulement manger ; cela doit être un plaisir, une sensation agréable, une récompense pour le corps et pour l'esprit. Pour moi, maintenant, une salade garnie de légumes frais, arrosée d'un verre de vin blanc frais, est un véritable plaisir et me fait sentir mieux que si j'avais englouti un pavé de bifteck avec un lot de pommes de terre...

Comment contrôler son embonpoint

Si l'on tient tant à surveiller son alimentation, c'est d'abord et avant tout – et ce fut la raison première qui m'avait aussi motivée – par crainte de prendre du poids. J'acceptais d'avoir quelques kilos en trop, comme d'autres acceptent d'être un peu « rondes », mais être obèse, jamais. Pourtant, il faut le savoir, être obèse, c'est simplement peser dix kilos de plus que le poids idéal. Selon les dernières statistiques américaines, et, sur ce plan, le Canada et le Québec sont plutôt semblables, un tiers de la population (c'est-à-dire près de quatre-vingts millions de personnes aux États-Unis, et sept millions au Canada) en souffre.

Il faut apprendre à aimer ce qui est bon pour nous.

Il existe de nombreuses causes à l'obésité, et il est indispensable de les connaître ou de les reconnaître, afin de savoir où se cachent les coupables et de quelle façon ils opèrent ; car, si notre bilan nutritionnel est équilibré, notre poids devrait, en principe, être stable, à moins... que notre organisme ne souffre d'un déséquilibre. La principale cause de l'obésité, disent les médecins et les nutritionnistes, reste une alimentation mal équilibrée, une suralimentation : nous mangeons mal et trop ! Même certains menus, en quantité normale, sont si mal conçus qu'ils ne donnent pas à l'organisme tous les éléments dont il a besoin : il se crée alors une carence que nous cherchons à compenser en mangeant de plus en plus, dépassant ainsi notre marge de sécurité quotidienne, qui se situe autour de 300 calories (que nous pouvons manger en plus ou en moins, sans grossir ni maigrir). Si, dans le même temps, nous ne changeons pas notre mode d'alimentation, cette carence s'aggrave et un cercle vicieux se crée.

Il ne faut pas se laisser surprendre par la graisse qui, insidieusement, nous enveloppe – la plus pernicieuse, car elle est celle dont on réalise l'importance le plus tardivement. Exception faite des obésités qui se déclenchent n'importe quand, à la suite de problèmes indépendants de l'alimentation, personne ne grossit du jour au lendemain au point de devenir obèse ; mais si l'on prend de deux à trois kilos par année, faciles à perdre au début, en cinq ans, nous aurons finalement pris de dix à quinze kilos : alors, nous avons franchi la marge, fatigué nos reins, notre foie, notre cœur, nos articulations, et, si notre organisme n'a pas encore protesté, nous sommes quand même une malade qui s'ignore.

Il convient donc de faire preuve de vigilance, surtout à la ménopause, qui est incontestablement une étape importante dans la vie de toute femme, un tournant que nous vivons bien ou mal.

Quelques conseils pour maigrir... un peu !

Lorsqu'on a pris du poids, on veut habituellement perdre ces kilos supplémentaires aussi rapidement que possible. Et ça, ça me connaît. Tout le monde sait le nombre de régimes que j'ai suivis. On peut cependant éviter les régimes draconiens, particulièrement si l'on s'y prend rapidement, c'est-à-dire lorsqu'on a constaté que l'on avait de trois à cinq kilos en trop. Ce genre de situation se présente généralement après les vacances, après les fêtes de fin d'année ou au sortir de l'hiver, durant lequel on est resté plus souvent à l'intérieur et où, quand même, il nous a fallu fournir à notre corps un peu plus de calories que d'habitude pour combattre le froid.

À ce moment-là, c'est plus une affaire de bon sens que strictement de régime...

Voici quelques conseils qui devraient devenir un mode de vie, auxquels vous ne devriez pas réfléchir puisqu'ils devraient s'imposer d'eux-mêmes :

• Il ne faut pas s'astreindre à un régime draconien, lequel correspond à un problème de poids plus sérieux ; cela nous permet certes de perdre nos kilos supplémentaires pour un temps, mais cela risque aussi de provoquer d'autres problèmes de santé plus sérieux.

• Il ne faut pas sauter un repas pour combattre le problème, car nous ressentons tout de même la faim et risquons alors de grignoter et de manger plus que d'habitude lorsque vient le moment du repas.

• D'abord et avant tout, il ne faut pas supprimer, d'un seul coup, tous les corps gras et tous les féculents, mais plutôt contrôler leur consommation, car ils sont nécessaires à l'organisme.

• Il faut réduire modérément notre ration alimentaire en consommant moins de graisses, qui constituent l'essentiel du tissu adipeux (beurre, charcuteries, fromages gras, crème fraîche, etc.). Il faut aussi éviter les glucides (entre autres, le pain, le sucre, la farine et les pâtes).

• Mangez beaucoup de protides (fromages maigres, viande mi-maigre ou maigre, lait écrémé, poisson maigre), de légumes frais, de salade et, sauf exception, de fruits frais.

• Il nous faut opposer un non catégorique aux « petites douceurs » (bonbons, pâtisseries, croustilles, etc.) ; ne pas se laisser tenter par un apéritif et moins encore par les amuse-gueules, qui sont autant de pièges pour la ligne.

• Buvez beaucoup d'eau ; laissez-en même une bouteille sur le comptoir de cuisine et buvez-en chaque fois que vous passez devant.

• Marchez quinze minutes chaque jour, d'une allure rapide, et faites quinze minutes d'exercices physiques, d'étirements ou de *stretching*.

Vos trois, quatre et même cinq kilos superflus disparaîtront facilement, en peu de temps, à condition que vous soyez constante dans l'effort.

Et pour maigrir... beaucoup

Lorsque l'on a plus de cinq kilos à perdre, le cas est plus sérieux et trahit habituellement un embonpoint installé depuis un certain moment, parfois même quelques années. Il existe mille manières de maigrir – des bonnes comme des moins bonnes ; de la transformation graduelle de vos habitudes alimentaires au régime draconien. Je ne vous conseillerai pas ce régime même si, personnnellement, j'y ai eu recours. Je ne nie pas qu'il puisse être utile, selon les circonstances (perdre quelques kilos en quelques jours, par exemple), mais il faut que vous sachiez qu'ils ont tous le même but : nous faire maigrir vite, dans un premier temps, pour que nous soyons ensuite suffisamment encouragée pour suivre un régime moins sévère à plus long terme. Il en existe des tas. Nous en avons entendu parler. Comme moi, vous en avez peut-être même essayé un ou plusieurs. Il faut cependant retenir que vous ne devez pas entreprendre ce genre de régime seule, mais sous surveillance médicale.

L'autre option qui s'offre à vous : un régime sévère. Ne le maudissez pas : grâce à lui, les kilos qui vous ennuient vont disparaître, mais il vous faudra aussi, surtout, transformer ensuite radicalement vos habitudes alimentaires. Consultez votre médecin, c'est votre plus fidèle allié. Retenez bien aussi, et je vous parle toujours en connaissance de cause, que plus le résultat est plus long à atteindre, plus il est aussi (habituellement) durable.

Les bienfaits de l'eau

Je bois beaucoup d'eau, tout près d'un litre par jour. Parce que, et les médecins le reconnaissent, la consommation d'eau aide à réduire nos collations, à diminuer notre appétit, à améliorer notre digestion, à réduire notre consommation de café et de boissons gazeuses, à combattre nos maux de tête, à récupérer après un exercice intense, tout en augmentant l'élasticité de notre peau – du coup, cela prévient les rides et le dessèchement.

En ce sens, donc, nous ne consommons jamais trop d'eau puisqu'elle sert à dissoudre les vitamines et les minéraux, à les distribuer dans tout l'organisme, à éliminer les déchets et favoriser ainsi les fonctions essentielles de notre organisme, comme la digestion, la circulation et l'élimination. De plus, il faut garder à l'esprit que l'adulte qui a une activité normale perd au moins deux litres d'eau par jour du seul fait de ses actions quotidiennes. Heureusement, ces pertes sont compensées par l'alimentation et par l'autorégulation de notre système.

Idéalement, pour garder une bonne santé, nous devrions boire un litre d'eau par jour – et même plus si nous le pouvons.

Faites vous-même vos jus !

Rien ne remplacera jamais un bon jus de légumes ou de fruits frais. Mais il y a une façon particulière de les préparer, et il est bon de la connaître. Comme il est bon de songer à se faire un petit jardin – on peut même le faire sur un balcon, ça demande peu d'espace si on y met un peu d'imagination ! Cependant, il faut l'admettre, cela n'est pas toujours possible. Aussi, si vous devez acheter vos fruits et légumes, choisissez-les plus frais. Pour les légumes, par exemple, il faut que les feuilles soient vert foncé ; le céleri doit être lourd et tendre ; il ne faut pas que les carottes soient jaune pâle, mais foncées et dorées. Quant aux pommes, elles doivent être mûres et juteuses. Vous pouvez acheter n'importe quel aliment, à la condition qu'il soit frais. Si vous le pouvez, je vous conseillerais d'aller au marché.

Lavez les fruits et légumes très soigneusement, mais ne les faites pas tremper dans l'eau, cela leur ferait perdre leurs vitamines B et C ; lavez-les simplement sous le robinet. Ne pelez ni les carottes ni les autres racines. Grattez-les et coupez-les en morceaux assez petits pour votre extracteur à jus ou votre centrifugeuse. Dès que vos légumes sont nettoyés, mettez-les dans l'appareil, réduisez-les et buvez-en le jus aussitôt. S'il en reste, mettez-le immédiatement au réfrigérateur dans un pot hermétique.

• *Le jus de carotte.* Pour éviter que le jus ne perde sa couleur dorée, ajoutez-y quelques gouttes de jus d'orange. Ce jus est riche en vitamines A, B, C et G (B_2), et en minéraux : calcium, fer et même iode. Le jus de carotte est recommandé pour les estomacs fatigués et pour l'intestin en raison du mucilage végétal qu'il contient. On peut mélanger le jus de carotte avec presque tous les autres jus, dont il améliorera la saveur.

• *Le jus de céleri.* Le jus de céleri facilite la digestion et ouvre l'appétit. Utilisez surtout les tiges vert foncé, car elles contiennent plus de chlorophylle. N'employez cependant pas beaucoup de feuilles vert foncé car elles donnent un jus trop amer ; pour éviter que le jus ne noircisse, et pour améliorer sa saveur, ajoutez-y quelques gouttes de jus de citron ou d'ananas. Le jus de céleri contient les vitamines A, B, C et E et des minéraux : sodium, potassium et du chlore.

• *Le jus de concombre.* Coupez en lanières des concombres tendres non pelés et mettez-les dans le pressoir. Le jus seul est assez insipide et doit être mélangé à du jus de pomme, d'ananas, ou de carotte et céleri. On dit que le concombre agit sur les reins et son jus, qui favorise l'élimination, est recommandé pour les cures amaigrissantes. Les concombres contiennent aussi des vitamines A, B, C, de la chlorophylle et plusieurs minéraux.

• *Le jus d'ananas.* Ôtez les fibres d'un ananas bien mûr et coupez-le en tranches pour le mettre dans l'appareil. La boisson mousseuse que vous obtiendrez est exquise ! Le jus d'ananas contient un principe digestif excellent appelé bromeline : aussi est-il recommandé de le prendre avant ou après les repas. De plus, le jus d'ananas contient des vitamines A, B, C, un peu de vitamine G (B_2) et neuf minéraux nécessaires à la santé, y compris de l'iode.

• *Le jus de pomme.* Rien n'est meilleur que le jus de pomme frais. Découpez les pommes non pelées en quatre parties et mettez-les dans l'extracteur à jus ou la centrifugeuse. Ce jus contient tout l'arôme et toute la saveur de la pomme, des vitamines A et B en grandes quantités, la vitamine C et G (B_2), des minéraux, dont une grande partie de sodium (ce jus est excellent contre le rhumatisme et la goutte). Notez que le jus de pomme se marie très bien avec les jus de légumes.

• *Le jus de raisin.* Le raisin frais contient les importantes vitamines A, B et C et une grande quantité de minéraux. Possédant en outre beaucoup de sucres inertes, il constitue un aliment parfait pour les cures d'amaigrissement et celles visant l'élimination. Vous pouvez manger autant de raisins qu'il vous plaît, mais jetez les pépins et la peau. Idéalement, vous devriez boire trois grands verres de jus de raisin frais tous les jours.

• *Le jus de tomate.* Comme le jus de pomme, le jus de tomate frais est délicieux. On l'obtient en mettant des tomates mûres non pelées dans l'appareil ; il ne ressemble pas du tout au jus de tomate en conserve. Sa saveur vous enchantera ainsi que sa couleur. Il est également beaucoup plus nutritif. On y trouve beaucoup de vitamines A et C, un peu de vitamine B. Assaisonné avec un peu de citron et de sel végétal, il vous ouvrira l'appétit.

Le jeûne : une expérience bienfaisante

Jeûner est une façon de purifier notre organisme. Je ne vous parlerai cependant pas, ici, du jeûne total puisqu'il doit être surveillé de près par un médecin – mais vous devez quand même savoir que certains jeûnes peuvent durer, sans difficulté, jusqu'à une quinzaine de jours ; la faim physique, dit-on, disparaît complètement après cinq ou six jours d'abstinence.

Néanmoins, il existe certaines variantes qui peuvent être pratiquées sans problème et vous apporter, comme à moi, de très grands bienfaits. Je parle ici de jeûnes liquides, ou de jeûnes qui ne permettent que la consommation de fruits ou de légumes. Je pratique pour ma part ces jeûnes une fois par mois, question de régénérer mon organisme, de le purifier. Pendant une journée, je ne bois que de l'eau ou des jus naturels, ou je ne mange, en petites quantités, que des fruits ou des légumes.

Essayez, vous verrez, les effets sont extraordinaires ! Si vous êtes (ne serait-ce que quelque peu) convaincue des avantages du jeûne, et que vous aimeriez tenter cette expérience, voici la démarche à suivre :

- Choisissez une journée par mois où vous prendrez le temps de jeûner.
- Ne buvez que de l'eau ou des jus de fruits ou de légumes ; ou encore choisissez de manger, en petites quanités, des fruits et des légumes.
- Choisissez un endroit calme où vous serez seule et tranquille et où vous ne serez pas dérangée.
- Trois jus de fruits constituent un bon remplacement à vos repas. Avec le temps, vous pourrez réduire à un seul que vous prendrez au milieu de la journée.
- Reposez-vous le plus possible, et faites le minimum d'efforts ; essayez de méditer, de faire le vide. Buvez beaucoup d'eau.

En suivant ces quelques conseils, vous donnerez un bon coup de pouce à votre système, car vous lui permettrez de se purifier.

Connaître les vitamines
(pour suppléer aux carences)

Le secret d'une bonne santé réside dans une saine alimentation. Cela implique qu'il faille donner à notre organisme les vitamines qui lui sont essentielles, afin qu'il ne souffre pas de carence.

Voici la liste de quelques-unes des principales vitamines, leurs effets et où on les retrouve. Peut-être reconnaîtrez-vous certains symptômes de carence que laisse transparaître votre organisme ; vous pourrez ainsi y remédier sans problème.

- *Vitamine A.* Améliore la vision crépusculaire et nocturne, la crois-sance, la résistance aux infections et la cicatrisation ; on la trouve dans le bœuf, le foie, les œufs et les laitages.
- *Vitamine B.* Aide à régulariser les métabolismes des glucides, lipi-des et protides ; on la trouve dans les céréales germées, le son et la levure de bière.
- *Vitamine B_1.* Stimule la transmission de l'influx nerveux, possède des propriétés anti-névritiques, favorise la croissance et combat l'anorexie ; on la trouve dans les céréales germées, la levure de bière et de boulanger, dans le porc et les abats.
- *Vitamine B_2.* Aide au contrôle des réactions métaboliques produc-trices d'énergie, est utile à la croissance, aux muscles ; on la trouve dans la levure de bière, les viandes, les abats, les fromages, les féculents et les poissons.
- *Vitamine B_5.* Contribue à la cicatrisation des plaies avec une utili-sation de vitamines A et C ; fait pousser les cheveux avec la vita-mine B_8 ; on la trouve dans les céréales germées, le foie, la gelée royale, la levure et la mélasse.
- *Vitamine B_{11}.* Est propre à combattre la maigreur, l'atrophie mus-culaire et l'anorexie ; on la trouve dans les viandes rouges, les abats et les jus de viande.
- *Vitamine B_{12}.* Antianémique et antipernicieuse ; on la trouve dans le foie, la levure de bière, les rognons, le jaune d'œuf en poudre.
- *Vitamine C.* Antiscorbutique, antitoxique ; on la trouve dans les fruits et les légumes verts crus.
- *Vitamine D.* Aide à l'assimilation du calcium ; on la trouve dans l'huile de foie de poissons, les laitages. Le soleil en est aussi une source importante.
- *Vitamine E.* Antioxydant, aide à la fertilité ; on la trouve dans les céréales germées, l'huile de germe de blé, le soja, les arachides et les olives.

• *Vitamine F.* Combat l'eczéma ; on la trouve dans le lard frais et l'huile d'arachides.

EN TERMINANT, SEPT CONSEILS (BIEN) PRATIQUES !

Mastiquez bien les aliments, mouillez-les de votre salive afin que les enzymes naturels facilitent votre digestion.

Gardez toujours à l'esprit qu'il ne faut jamais trop cuire la viande rouge – pour ma part, je n'en mange jamais. Ce faisant, non seulement n'a-t-elle plus de valeur nutritive, mais elle encrasse également beaucoup plus le foie.

Consommez beaucoup de légumes crus, ou en salade, ou – mieux encore – faites-en des jus ; consultez les recettes que je vous ai dévoilées précédemment.

Idéalement, chacun d'entre nous devrait manger trois fruits par jour.

Cherchez à éliminer le plus possible de votre alimentation le sucre, les pâtes alimentaires et tous les éléments farineux comme le pain blanc enrichi, qu'il conviendrait de remplacer par du pain de blé entier.

Évitez les matières grasses, cherchez le plus possible à éviter de consommer du sel, des épices et du vinaigre.

Diminuez au minimum votre consommation de thé, de café, de boissons gazeuses, et aussi d'alcool – le vin est le type d'alcool le plus acceptable.

CHAPITRE ONZE

VÊTEMENTS ET ACCESSOIRES

NOS VÊTEMENTS RÉVÈLENT CE QUE nous sommes, n'en déplaise à l'adage qui dit que « l'habit ne fait pas le moine ». Si la réussite signifie pour nous un travail plus intéressant ou de meilleures relations avec les autres, nous devons agir de façon à transmettre, par nos vêtements, ce que nous voulons dire aux personnes que nous rencontrons ou que nous fréquentons.

Lorsque j'étais jeune, comme toutes les filles de mon âge j'imagine, j'achetais des tas de vêtements que je ne payais pas cher. Ça me permettait d'en changer souvent et j'avais le plaisir d'avoir une garde-robe... élaborée.

Avec les années, j'ai changé. Je me suis aperçue qu'il était beaucoup plus profitable d'en acheter moins, mais de meilleure qualité. D'une part, le confort n'est pas le même ; d'autre part, ça ne revient pas plus cher puisque, plutôt que de m'acheter vingt items à dix ou quinze dollars, j'en achète deux griffés, pour lesquels je mets le montant nécessaire, mais que je garde aussi long-temps, sinon plus. Jamais non plus je n'achète un vêtement pour ne le porter qu'une fois – entre nous, je ne crois pas qu'il y ait quelqu'un d'assez riche pour faire cela. Cette façon de faire me permet donc d'acheter des vêtements de qualité.

S'habiller avec des vêtements seyants, de qualité, nous valorise, nous fait sentir plus sûre de nous et nous encourage à aller de l'avant. Et si nous sentons nous-même l'effet que notre façon de nous vêtir produit, imaginez les signaux que les autres, notre en-tourage, nos relations reçoivent ?

Prenez donc conscience du genre de message trans-mis par votre apparence vestimentaire.

Trouvez vos couleurs

Nous avons toutes, spontanément, une préférence marquée pour certaines couleurs. Quelle en est la raison – la vérita-ble raison ? Les psychologues nous en donnent quelques-unes. Les coloristes aussi. Ceux-ci nous expliquent, par exemple, que le se-cret des couleurs relève des saisons et que chacune de celles-ci est associée à une gamme particulière de couleurs à laquelle notre teint s'harmonise. En ce sens, chacune de nous, disent-ils, appartient à une saison de l'année. Cela relève d'une analyse cohérente faite à partir de critères précis. Ils se serviront donc d'un ensemble de tis-sus dont les coloris ont été étudiés avec attention et qui, une fois placés sur nous, permettent d'établir la saison à laquelle nous ap-partenons. Je vais au plus simple, les explications qu'on m'a déjà données sont plus complexes – et puis, comme dans toute chose, il faut en prendre et en laisser.

Nous pouvons cependant avoir une bonne idée des couleurs qui nous conviennent en observant certaines caractéristiques. Nos bonnes couleurs rehausseront nos qualités physiques naturelles : notre teint paraîtra plus clair, les ombres sous les yeux, le nez et la bouche seront estompées, nos yeux seront plus éclatants et nos cheveux plus brillants. Bref, c'est notre visage qui sera le point de mire des regards plutôt que les vêtements que nous portons.

À l'inverse, les couleurs qui ne nous conviennent pas accentuent nos imperfections – les rides seront plus prononcées notamment. Du coup, les couleurs paraîtront sévères et prendront le pas sur notre visage.

LES COULEURS DES SAISONS

Si le bleu marine, le noir, le blanc, le rouge et le gris nous conviennent, nous sommes une femme « hiver ».

Si le bleu pâle, le brun rosé, le bleu marine, le rose mauve et le lavande nous conviennent, nous sommes une femme « été ».

Si le brun foncé, le caramel, le beige, l'orange et le vert mousse nous conviennent, nous sommes une femme « automne ».

Si le brun doré, le rose pêche, le pêche, le bleu pâle et le jaune doré nous conviennent, nous sommes une femme « printemps ».

De plus, chaque couleur a son propre symbolisme. Jetons-y un coup d'œil ; cela révélera incontestablement certains aspects de votre personnalité.

• Le rouge est une couleur dominante, énergique, qui peut symboliser l'amour, la sublimité et la vivacité aussi bien que l'animosité et la colère.
• Le bleu est considéré comme une couleur froide, mais elle n'en est pas moins associée à l'assurance et à la foi, comme à la solitude et au chagrin.

*Mettez-vous en évidence en choisissant des couleurs qui s'harmonisent
à votre teint et à votre couleur de cheveux.*

• Le jaune – je trouve que cette couleur convient très bien aux
blondes – représente la lumière, l'éclat, la clairvoyance, mais aussi
les doubles personnalités et la rivalité.

• L'orangé est une couleur pleine de joie et d'exubérance – bien
que les tons trop tapageurs soient à éviter. Cette couleur convient
très bien aux rousses. Notez, en passant, que quand on porte un
vêtement de cette couleur, on devrait porter un rouge à lèvres as-
sorti.

• Le vert est une couleur identifiée au renouveau, à la nature mais
aussi à la haine chagrine et à la jalousie. Cependant, c'est la couleur la plus reposante pour l'œil. Elle est à mettre de côté si vous
avez un teint olivâtre.

• Le blanc est symbole d'espoir, de mérite, d'honnêteté et de pu-
reté. On dit aussi que cette couleur éteint tout éclat, mais je n'y
crois pas. Le blanc est d'ailleurs une de mes couleurs préférées,
et, à mon avis, il convient très bien à toutes les femmes, peu importe leur couleur de cheveux. (Prenez toutefois garde à ne pas

Il n'est pas nécessaire de posséder des tas de lunettes et de chapeaux ;
il vaut mieux en avoir moins, mais de bonne qualité.

porter un vêtement plus blanc que vos yeux ou vos dents, car ceux-ci perdraient leur éclat et pourraient même paraître jaunâtres.)

• Le noir est froid, ténébreux et mystérieux. On affirme que la plupart de ses connotations sont négatives, mais il n'empêche qu'une certaine image de charme et de séduction y est rattachée. Sans compter que c'est une teinte qui amincit !

Quelques mots sur les accessoires

Les accessoires ajoutent parfois un aspect fonctionnel à l'habillement, mais surtout ils rehaussent l'éclat de notre tenue vestimentaire ; ils représentent également un moyen habile et peu coûteux d'ajuster notre garde-robe aux nouvelles tendances de la mode. Attention, cependant, car si les accessoires font la beauté ou le raffinement, ils peuvent aussi les défaire.

Bien sûr, le choix des accessoires relève de notre personnalité et de nos préférences. Le seul préalable, pour que les accessoires remplissent adéquatement leur fonction, est l'harmonie :

l'accessoire ne doit pas prendre le pas sur le vêtement, mais plutôt mettre en valeur son caractère. Si beaucoup de femmes hésitent à recourir aux accessoires, c'est souvent parce qu'elles ne savent pas comment les utiliser. Pourtant, c'est simple. Parmi les accessoires qui devraient faire partie de notre garde-robe, outre les chaussures, il y a les bas et les collants, les foulards et les écharpes, les ceintures, les sacs et les bijoux mode.

• *Les chaussures.* Plutôt que d'acheter dix paires de chaussures ordinaires, il est préférable de n'en acheter que deux ou trois paires plus dispendieuses qui conviennent à la majorité des circonstances et des activités auxquelles vous vous livrez. Prévoyez une bonne paire d'escarpins de couleur foncée ou neutre, puisque ceux-ci se portent habituellement toute l'année ; prévoyez une paire de sandales ou de chaussures sport confortables, pour l'été, et une bonne paire de bottes de cuir avec un talon moyen pour l'automne et l'hiver. Entretenez-les bien pour garder leur aspect neuf... et attention aux talons éculés. Notez aussi que, si vous avez acheté une chaussure de qualité, ça vaut le coup d'aller chez le cordonnier pour la faire réparer. Personnellement, je n'hésite jamais à le faire.

• *Les bas et les collants.* Quand vous achetez des bas ou des collants, privilégiez les tons neutres et choisissez une couleur plus foncée que votre peau. N'oubliez pas que la couleur des bas et des collants doit s'harmoniser à celle de vos vêtements plus qu'à celle de vos chaussures qui, de toute façon, devraient être coordonnées. Un petit truc : pour allonger la silhouette, portez des bas ou des collants dans les mêmes tons que vos vêtements ; si vous avez des jambes fortes, évitez de porter des bas en dentelles.

• *Les écharpes et les foulards.* Un foulard ajoute du caractère à un ensemble et modifie considérablement l'apparence d'une robe ou d'un costume. Vous en trouverez de formes et de longueurs variées, mais les plus pratiques sont encore les carrés de grandeur moyenne. Les écharpes sont également pratiques puisqu'on peut les laisser flotter ou les nouer – il y a mille façons de le faire, ça ne dépend que de votre imagination. Nous devrions en compter deux ou trois dans notre garde-robe, idéalement de soie et de facture classique puisqu'elles peuvent agréablement transformer le *look* de nos tailleurs.

• *Les ceintures.* Ayez-en plusieurs, elles complètent très bien toutes les tenues vestimentaires. Choisissez-les dans les tons neutres et les couleurs de base, ce sont celles qui enrichissent et complètent le mieux l'apparence de votre vêtement.

• *Les sacs.* Les chaussures et le sac ne doivent pas nécessairement être de la même couleur, quoique leur texture devrait idéalement s'harmoniser. Nous devrions avoir deux sacs de cuir, de couleur neutre, dans notre garde-robe : un sac de taille moyenne, à bandoulière, et un second, plus petit (si vous avez de nombreuses sorties sociales, il faudrait peut-être aussi penser à un petit sac de soirée). Quoi qu'il en soit, achetez-en moins, mais de facture classique ; ils dureront et, s'ils sont en cuir, ils vieilliront aussi très bien.

UN PETIT BOUTON QUI CHANGE TOUT !

Il suffit vraiment de peu de choses pour transformer complètement l'apparence d'un vêtement... Un bouton peut faire toute la différence !

Eh oui ! Pour revamper un vêtement qui n'est pas d'un grand couturier, achetez de nouveaux boutons – ne lésinez pas sur le prix. Vous verrez le résultat !

Comment porter les bijoux ?

Le choix des bijoux est quelque chose qui doit être fait avec goût et discernement et en fonction de notre teint et des couleurs autour desquelles s'organise notre garde-robe. Il ne faut pas sous-estimer leur importance puisque les bijoux influencent définitivement l'effet que produit notre apparence vestimentaire.

Plutôt que d'acheter un tas de bijoux de pacotille, choisissez-en quelques-uns, simples, discrets (l'avantage est que même si vous les portez plusieurs fois, on ne le remarquera pas nécessairement puisque le point de mire sera votre habillement) et de qualité : au bout du compte, vous verrez que ça ne vous coûtera pas beaucoup plus cher.

Un *must* : un collier de perles ; si vous ne pouvez vous en offrir un vrai, achetez-en une imitation, en évitant cependant de choisir des perles d'une grosseur démesurée. Ensuite : une paire de boucles d'oreilles, de forme simple, sans pendants, un ou deux bracelets fins en or ou en argent, une ou deux chaînes en or ou en argent, un *clip* ou une épingle et quelques bijoux de fantaisie, de moindre prix ceux-là puisque vous les changerez au gré des modes, devraient constituer l'essentiel de votre coffre à bijoux.

Et le parfum ?

Je n'en porte jamais trop. J'en ai quelques-uns et je les utilise selon mon état d'esprit du moment. Aussi insaisissable que troublant, le parfum est un complément à notre image – c'est également quelque chose qui fait naître des... émotions.

Certains diront que le parfum n'est pas essentiel ; que c'est un article coûteux et futile qui n'a une importance que tout à fait secondaire quant à la beauté. C'est vrai que c'est un produit habituellement coûteux, mais le reste est faux. Si, anciennement, on considérait le parfum d'abord et avant tout comme une arme de séduction, voire d'ensorcellement, je crois que c'est devenu, aujourd'hui, un artifice qui nous permet en quelque sorte d'afficher notre caractère. Contrairement à autrefois, alors qu'ils étaient enivrants et épicés, les parfums d'aujourd'hui exhalent une impression de pétulance, d'entrain et d'efficacité. Cependant, quels qu'ils soient, il faut les utiliser avec parcimonie.

Beaucoup de femmes préfèrent les eaux de toilette, mais cela n'enlève rien au parfum, qui aura toujours un petit quelque chose à part. En ce qui me concerne, je vous dirais qu'avant chaque moment important, je me parfume légèrement – pour moi, c'est une petite touche finale qui me rassure.

STYLES ET FRAGRANCES

Avec le temps et l'expérience, j'ai remarqué que certaines fragrances étaient tout à fait adaptées à certains styles – de femmes ou de vie. Les teintes de peau jouent un rôle dans le choix de notre parfum. Par conséquent :

Les femmes d'allure sportive devraient privilégier les parfums épicés, corsés.

Les femmes d'allure classique devraient privilégier les parfums frais et discrets.

Les femmes d'allure séductrice devraient privilégier les parfums lourds et sucrés.

Et toutes les femmes, au quotidien, devraient privilégier les parfums de fruits et d'herbes.

Un autre accessoire primordial : les lunettes

J'allais oublier de parler des lunettes, qui sont pourtant un accessoire indispensable, voire nécessaire. Je le sais : j'en porte !

Heureusement, elles ont bien changé ces dernières années. Elles sont devenues de véritables accessoires de mode qui nous permettent de nous métamorphoser à volonté. Mais encore faut-il savoir les choisir et... se maquiller en conséquence.

Il faut d'abord déterminer le style que l'on désire adopter. Voulez-vous que l'on remarque vos lunettes ou qu'on les oublie ? Notez que, de façon générale, les montures fines conviennent mieux aux visages délicats et les montures plus lourdes aux visages plus forts. Une monture dans les tons clairs adoucit les traits, mais elle peut aussi affadir un teint trop pâle. En revanche, une monture dans les tons foncés donnera un air sérieux, voire sévère, à celle qui la porte. À moins donc de posséder plusieurs paires de lunettes, il est préférable d'opter pour un style neutre. Ainsi, vous vous en lasserez moins vite.

Un petit truc simple : tenez compte de la distance entre la ligne de vos sourcils et le bas de vos narines. C'est cet espace qui déterminera la taille de la monture qui vous convient le mieux. Plus cet espace est large, plus la monture peut être grande.

Si vous êtes myope, le verre de vos lunettes rapetisse vos yeux. Vous atténuerez cette impression en utilisant des teintes claires sur vos paupières supérieures et en soulignant d'un trait sombre les cils de la paupière inférieure.

Si vous êtes presbyte ou hypermétrope, c'est l'effet inverse qui se produit, car le verre correcteur agrandit vos yeux. Pour les ramener à une proportion normale, on choisira des tons mats plutôt foncés sur les paupières supérieures. À l'aide d'un crayon gras, tracez un trait sombre à l'intérieur de la paupière inférieure.

Mes parfums préférés sont Neige, *de Lise Watier – que je tiens*
en main sur cette photo – et Paloma Picasso.

N'utilisez pas de crayons à la mine trop dure, car ils irritent la paupière ; on s'en sert surtout pour souligner le contour de l'œil ou
redessiner la ligne des sourcils. Notez que ce trait de crayon a tendance à durcir le regard et ne convient donc pas à toutes.

C'était peu de chose, ces dernières lignes concernant
les accessoires, mais je ne pouvais pas les oublier...

TROISIÈME PARTIE

DE CHOSES
ET D'AUTRES

CHAPITRE DOUZE

ADOPTEZ
LA BONNE ATTITUDE

RÊVEZ VOTRE VIE : TOUTE JEUNE, J'AI RÊVÉ la vie que je voulais vivre et j'ai toujours entretenu ce rêve qui est finalement, un jour, devenu réalité. Malheureusement, beaucoup de gens s'y refusent, disant que c'est une perte de temps et d'énergie. Je ne le crois pas. Parce que rêver, c'est imaginer une autre réalité ; c'est surtout imaginer que nous pouvons y accéder. C'est se motiver, c'est prendre les moyens de réaliser ses rêves. C'est vivre la vie comme nous voulons qu'elle soit.

Le meilleur conseil à donner aux jeunes : rêvez votre vie. Vous trouverez bien les moyens de concrétiser vos espoirs s'ils correspondent vraiment à ce que vous désirez.

J'ai toujours voulu un enfant

J'ai toujours désiré avoir un enfant. Mais quand j'en ai eu l'idée pour la première fois, à dix-sept ou dix-huit ans, je me suis dit que je devais d'abord et avant tout miser sur ma carrière (puisque je ne savais pas combien de temps elle allait durer), mais qu'un jour (je l'ai toujours espéré) j'allais me marier et, à ce moment-là, avoir des enfants.

Lorsque je me suis mariée, j'avais même commencé à décorer une pièce pour l'arrivée d'un enfant. Je voulais devenir mère. J'ai cru que je pourrais devenir enceinte au moment où je le voudrais. Les choses ne se sont pas passées comme je l'avais imaginé. Pourtant, ce n'est pas faute d'avoir « compté les jours » ni suivi les recommandations du médecin, qui nous confirmait que nous pouvions avoir un bébé. J'ai traversé une période difficile : j'ai souffert d'anxiété, de nervosité – c'est d'ailleurs, semble-t-il, une des raisons pour lesquelles ça n'a pas fonctionné. Ça m'a contrariée en ce sens que j'ai toujours décidé tout ce qui allait m'arriver.

Je pourrais toujours devenir enceinte. Sur le plan médical, c'est encore possible mais... il faut quand même admettre qu'il y a de moins en moins de chance que ça se produise. Mais maintenant, j'en ai accepté l'idée. Je me console en me disant que je n'étais pas destinée à avoir des enfants.

Et puis, je l'ai déjà dit, il ne sert à rien d'alimenter les regrets, comme il ne sert à rien de regarder derrière soi. C'est du passé. C'est fini. Il faut vivre pour demain, et c'est ça l'important.

Attention aux disputes !

Je me méfie des disputes – ça ne règle rien. D'une part, il y a le risque de banaliser les choses importantes que l'on voudrait dire et qu'il y a moyen d'exprimer autrement et, d'autre part, il y a le risque de dire des choses qui dépassent notre pensée, qui non seulement peuvent blesser l'autre mais qu'il peut aussi ne jamais parvenir à oublier. S'il fallait une autre raison pour éviter les disputes et apprendre à contrôler ses émotions, en voici une, tout

Il ne faut pas hésiter à faire les premiers pas pour mettre fin à une discussion ou à une dispute ; il ne sert à rien de s'entêter, c'est une perte de temps.

égoïste : l'état d'esprit dans lequel nous laissent les disputes, outre de drainer notre énergie, nous fait vieillir prématurément et fait également apparaître des rides précoces.

Essayons donc de rester maître de nos émotions et des situations. Je dis même : agissons de façon détournée pour convaincre notre partenaire de nos points de vue. N'importe quelle femme peut y parvenir lorsqu'elle le veut vraiment...

Bien sûr, il est immanquable que des disputes se produisent dans un couple, mais elles doivent être l'exception. Et même lorsqu'elles surviennent, il faut bien prendre garde à ne pas outrepasser certaines limites. Il faut penser aux conséquences, aux blessures qui risquent de ne pas se refermer.

ATTENTION, DANGER !

Il faut toujours faire attention à protéger l'amour-propre de l'autre.

Il ne faut jamais bouder non plus ; d'une manière ou d'une autre, c'est carrément une perte de temps puisqu'il faudra bien, à un moment ou à un autre, se parler de nouveau.

On doit toujours garder à l'esprit que le respect doit primer dans le couple ; sans respect, il n'y a rien de possible.

Surtout pas l'amour.

Les questions d'argent

Je l'ai déjà dit : il est important, primordial, d'économiser. C'est une chose que j'ai appris toute jeune. Ça permet de passer au travers des coups durs ou des années plus difficiles que les autres, ça laisse aussi une plus grande latitude quant aux décisions que l'on veut prendre. Parce que, s'il nous manque de l'argent, nous sommes souvent obligées d'accepter de faire des choses qui ne nous tentent pas ou de faire des choix qui ne sont pas nécessairement les meilleurs. C'est vrai sur le plan professionnel ; je me souviens, par exemple, d'avoir connu des années plus tranquilles pendant lesquelles, si je n'avais pas eu les économies que j'avais faites, j'aurais sans doute été obligée d'accepter d'aller travailler dans des endroits qui ne me plaisaient pas. Mais c'est aussi vrai sur le plan personnel. Je m'explique : être obligée de vivre avec quelqu'un simplement pour une question d'argent, c'est, à mon avis, intolérable. Ça nous fait perdre du temps, de l'énergie, ça nous empêche d'évoluer, de faire ce que nous voulons vraiment. Ça nous oblige à accepter des compromis inacceptables.

Certes, nous, les femmes, avons longtemps été placées devant cette situation. Surtout les femmes de ma génération et celles d'avant. Nos années d'études étaient souvent écourtées, on nous encourageait à nous marier jeunes et le mari prenait alors les choses de la vie en charge. Nous en étions tenues à l'écart. J'ai échappé à ce modèle. Bien d'autres femmes ont dû accepter de s'y adapter. Si bien que, lorsque survenait une situation problématique et que la femme se retrouvait seule, elle était non seulement désemparée, mais aussi démunie. Vous me direz que les choses n'ont pas changé et c'est vrai. Pas assez. Mais, heureusement, elles commencent à se transformer.

SOYEZ VOUS-MÊME...

Oui, il ne fait aucun doute, les femmes peuvent réussir aussi bien, sinon mieux que les hommes. Mais, pour y arriver, nous devons rester ce que nous sommes, affirmer notre personnalité. Nous pouvons – nous devons – rester féminines, nous devons afficher notre caractère, ne pas hésiter à user de notre charme et faire les efforts nécessaires. Ce sont les règles que j'ai suivies.

En fait, c'est ce que permettent les économies : avoir son indépendance.

Faire ou ne pas faire de budget ?

Je n'ai jamais fait de budget. Je ne me suis jamais dit que je devais économiser tant, ou que je disposais de tel ou tel montant à dépenser. C'est quelque chose que je ne me suis jamais sentie obligée de faire, parce que je n'ai jamais eu de difficulté à ne pas dépenser plus que ce que je pouvais me permettre. Je n'en ai pas moins un contrôle fantastique de mes finances et de mon budget ; par exemple, si je m'accorde cent dollars pour aller faire une épicerie, même si je ne sais pas vraiment le prix des produits, lorsque j'arrive à la caisse avec mon panier, ça ne dépasse pas cent dollars. Il en est de même pour les dépenses plus importantes. Une semaine, je peux dépenser deux ou trois mille dollars pour une chose qui me tient à cœur, mais la semaine d'après je ne dépenserai rien, et la semaine suivante non plus. Au bout du compte, tout s'équilibre.

Je sais que peu de gens ont cette façon quasi instinctive de contrôler leurs finances. Pour celles qui ne l'ont pas, je conseillerai naturellement de faire un budget pour savoir exactement où elles en sont et ce qu'elles peuvent se permettre sans tomber dans une situation financière critique.

OÙ TROUVER L'INFORMATION ?

Il existe plusieurs façons de contrôler son portefeuille et les différentes institutions financières, caisses populaires ou banques, peuvent conseiller celles qui ont besoin d'un budget pour atteindre un certain équilibre – c'est d'ailleurs ça l'essentiel, et non pas vraiment la manière dont on s'y prend pour l'atteindre.

Même si on ne dépose que cinq dollars par semaine dans son propre compte en banque, c'est un bon début. Les institutions financières et les coopératives comprennent mieux, maintenant, les besoins des femmes et peuvent proposer des outils intéres-sants. N'hésitez pas à en parler avec votre directeur de banque ou de caisse.

De nombreuses associations et coopératives familiales donnent également des sessions de formation. Tout le monde peut y apprendre des trucs pratiques.

Il n'y a (presque) plus de stéréotypes qui vaillent ; la femme peut s'affirmer comme elle le désire...

Les finances dans le couple

Les finances dans la vie de couple sont quelque chose que chacun vit à sa façon. Je ne crois pas qu'il existe de recette unique ni de truc miracle. Si l'on se marie à vingt ans, les choses ne sont pas les mêmes que si l'on se marie à quarante ans. C'est donc à chaque couple, en fonction de son vécu, de décider de la solution la plus équitable.

Si l'on se marie à vingt ans, on acquerra probablement ensemble ce qui deviendra notre patrimoine ; il est donc normal que tout appartienne aux deux et que les deux aient le même accès aux finances. Si l'on se marie à quarante ans, la situation peut être différente puisque les deux partenaires ont habituellement parcouru chacun un bout de chemin dans la vie et possèdent des valeurs qui ne sont pas nécessairement égales.

En ce qui nous concerne, mon mari et moi, nous avons chacun gardé ce que nous avions gagné avant d'être ensemble. Par exemple, j'assume les dépenses de notre résidence de Saint-Sauveur, même si nous l'habitons tous les deux, puisque c'est une propriété qui m'appartient. Cependant, ce que nous avons acquis depuis notre mariage a été mis en commun et nous assumons chacun notre part des dépenses. Il en est de même dans toutes nos questions de finances : il y a les choses que nous avions avant d'être mariés que nous continuons de posséder chacun de notre côté, et les autres, que nous avons acquises depuis et qui nous appartiennent conjointement.

Mais je le redis : c'est à chacun de décider quelle attitude prendre vis-à-vis de cette question, une attitude qui sera souvent dictée par l'âge auquel le couple se sera formé.

Comment parler « affaires » avec son banquier

La même question revient toujours : est-il plus difficile pour une femme de parler « affaires » ? Je ne le crois pas. J'irais même jusqu'à dire que cela est plus facile parce que les femmes sont essentiellement plus responsables que les hommes sur ce plan.

Néanmoins, il faut établir sa réputation. Ce qui signifie, entre autres, ne pas changer d'établissement bancaire tous les six mois et éviter d'avoir des découverts ou d'émettre ne serait-ce qu'un chèque sans provision.

Je fais affaire avec la même banque depuis quinze ans. Mais la réputation va au-delà des individus – les employés peuvent changer, les directeurs aussi – au-delà également de la somme inscrite à notre livret. C'est une question de crédibilité. Il faut donc que chaque transaction qui est faite le soit dans les normes pour qu'une relation de confiance s'établisse. Quels que soient les engagements que l'on prend, il faut ensuite les respecter. Sinon, la confiance disparaît et tout devient alors très compliqué. Il ne faut pas oublier que les banques ont tendance à nous prêter un parapluie lorsqu'il fait beau...

Aussi, lorsque je vous dis comment j'agis à leur endroit, ce n'est pas pour elles, c'est pour moi, c'est purement égoïste. D'ailleurs, c'est toujours dans le but de me faciliter la tâche que, lorsque je vais à la banque (et j'y vais deux ou trois fois par semaine), je m'adresse toujours au même caissier, quitte à attendre quelques minutes que son guichet se libère. Je le connais, il me connaît et nous savons quels sont nos intérêts l'un et l'autre. Tout le monde y gagne donc.

Je ne le dirai jamais assez : nous devons absolument établir des bases solides avec notre banquier, peu importe la somme d'argent dont nous disposons, parce qu'il peut nous faciliter ou nous compliquer les choses. Ça ne dépend que de nous. Soyez honnêtes, fondez vos relations sur la confiance : plus votre banquier connaîtra vos ressources et vos besoins, mieux il sera à même de vous conseiller.

Amis ou relations ?

Je n'ai pas beaucoup d'amis, de véritables amis, dans le milieu artistique. Il y a Renée et quelques autres que je peux compter sur les doigts d'une main. Je parle d'amis à qui je pourrais téléphoner à trois heures du matin pour me confier ou leur demander de me dépanner. Cela ne m'empêche pas d'avoir de nombreuses relations professionnelles qui viennent passer un après-midi ou une soirée chez moi à l'occasion et avec qui je passe des moments merveilleux. Mais j'aime qu'il y ait une coupure entre ma vie professionnelle et ma vie privée. Aussi, même lorsque nous sommes ensemble, ces amis du milieu et moi, nous ne parlons pour ainsi dire pas de nos carrières.

Les amis que nous avons aujourd'hui, mon mari et moi, se trouvent aussi parmi ses partenaires de travail. Certains de ces amis ont notre âge, mais d'autres sont plus jeunes. Pour les premiers, nous partageons en quelque sorte l'expérience des années et nous échangeons beaucoup sur le plan du vécu. Ça nous conforte dans nos idées et ça nous permet aussi de nous situer sur le plan général. Quant à nos amis plus jeunes, je trouve leur fréquentation intéressante en ce sens qu'ils nous gardent collés aux réalités actuelles. Ils ont une façon de voir les choses différente de la nôtre, une façon de penser différente aussi. Je trouve qu'il est important de savoir comment vivent et pensent les générations qui nous suivent parce qu'elles sont notre avenir, sans compter que leur contact nous permet d'éviter de nous enfermer dans les recettes éprouvées que nous avons toujours tenues comme vérités immuables. Et puis, ça nous oblige à nous ajuster aux modes et au monde – à évoluer. Et à rester jeunes.

Renée et moi, au « naturel » ; un cliché pris par son mari, Georges.
Cette photo a sa place réservée sur mon bureau.

L'amitié : et les femmes ?

Étrangement, mis à part Renée, qui est de mon âge, et une autre amie, Yolande, un peu plus âgée que moi, qui sont toutes deux des femmes à qui je demande souvent opinions et conseils, qui sont autant des points d'appui que des points de référence, je dois admettre qu'il y a fort peu de femmes dans mes relations amicales ou même sociales.

Comment expliquer cela ? Sans doute parce que j'ai de la difficulté à m'intégrer aux conversations qui tournent exclusivement autour des questions féminines ; peut-être parce qu'en raison de ma carrière, je me suis intéressée à des sujets qui ont longtemps relevé de l'univers dit masculin, c'est-à-dire essentielle-

ment des questions d'affaires et de planning, plutôt qu'aux intérêts qu'on a longtemps imposés aux femmes.

Les souhaits d'anniversaire

Il faut essayer de ne pas oublier l'anniversaire des gens
que nous aimons, des gens qui nous sont proches. L'anniversaire
est un événement important qui mérite d'être souligné. Il arrive
souvent, depuis les dernières années, que je sois absente de Montréal, mais ça ne m'empêche pas de téléphoner à mes amis qui célè-
brent leur anniversaire pour leur adresser mes vœux, même si je le
fais parfois avec quelques jours de retard. Et lorsque je suis de retour, je m'empresse alors d'aller leur porter un petit cadeau. Pour
moi, comme pour eux je le sais, ce n'est pas tant la valeur du présent que l'attention qui compte. Prendre le temps de faire plaisir à
quelqu'un, ça fait du bien au cœur – au nôtre, et à celui de l'autre !

Recevoir ses amis

Lorsque je reçois des amis, tout n'est pas nécessairement planifié avec minutie. Par exemple, il arrive souvent que des
amis se présentent à l'improviste à la maison et... j'aime bien l'atmosphère qui s'installe alors. On s'organise à la bonne franquette :
le foyer est toujours allumé, je nous sers un bon verre de vin ; ensemble, pour gagner du temps, nous préparons à manger et nous
pouvons ensuite discuter pendant des heures. Il n'y a rien de for-
mel dans ces soirées. Et c'est là le bonheur des amis : ils nous connaissent et nous acceptent comme nous sommes.

Bien sûr, si je les invite à l'avance pour souper, il y
aura un peu plus de décorum, les mets seront plus raffinés, les vins
plus recherchés ; c'est une autre ambiance aussi qui prévaudra.

Chaque type de soirée a ses bons côtés.

Tous les prétextes sont bons pour faire la fête...

Les plaisirs de la vie

Le plaisir est essentiel dans ma vie. C'est à la fois une motivation et une récompense. Mais plaisir ne signifie pas exagération. Tenez, c'est comme une bouteille de champagne : j'adore le champagne, mais je n'aime pas quelqu'un qui en boit à huit heures du matin, qui se retrouve ivre et qui en renverse partout. Lorsque j'en achète une bouteille, je la choisis minutieusement et je l'ouvre pour la partager tranquillement avec mon mari ou encore avec de bons amis lors d'un moment ou d'un événement particulier. Il y a alors un certain cérémonial, une atmosphère particulière, ça devient alors vraiment plaisant.

Tout ce qui est plaisir devrait ainsi être savouré, apprécié. Et ce n'est pas qu'une histoire de champagne : ça touche tout ce que nous faisons. Une soirée que nous passons avec des amis, le petit jardin que nous cultivons, les poulets que nous élevons, les jouets que nous achetons, etc.

J'ai aussi appris, avec le temps, à profiter des belles choses que j'ai amassées. Trop souvent, lorsqu'on s'offre quelque chose de beau, on a tendance à éviter de l'utiliser pour ne pas l'user... Je rangeais à l'abri un bibelot un peu coûteux pour ne pas qu'il se brise ; je laissais dans le garde-robe un vêtement cher en attendant un moment exceptionnel ; je laissais ma nouvelle argenterie dans le tiroir et ne l'utilisais qu'en des occasions spéciales. Tout le monde a déjà agi de cette façon, je crois.

Eh bien, maintenant, je ne le fais plus. Tout ce que j'ai, et surtout mes plus belles choses, je m'en sers quotidiennement. Plus simplement : j'en profite. Je crois que tout le monde devrait agir ainsi et ne pas laisser dans des placards ou des armoires les choses auxquelles on accorde tant de valeur.

Vous constaterez qu'il y a, dans la vue et l'utilisation, un plus grand plaisir que dans l'acquisition...

Apprendre à rire de soi

Il faut apprendre à rire de soi – et c'est quelque chose que j'ai personnellement appris à faire au fil des ans.

Puppy est un membre à part entière de la famille et... il est traité comme tel !

Lorsqu'on en est capable, on peut apprendre beaucoup sur soi ; on peut aussi apprendre comment corriger certains aspects de sa personnalité et devenir meilleure, plus forte. Mais, ce n'est pas toujours facile puisque certains mots, même dits sans mauvaise intention ou sans arrière-pensée, peuvent nous blesser parce qu'elles sont vraies et que nous le savons. Mais nous devons l'accepter.

Ce avec quoi j'ai plus de difficulté, par contre, c'est le sarcasme, la plaisanterie plate. Je ne peux rien y faire mais je l'avoue : ça me blesse, ça me fait mal, parce que je sais que c'est fait bêtement et gratuitement.

Mon fidèle compagnon, Puppy !

Il n'y a rien que je ne fasse pas avec mon fidèle compagnon, mon chien Puppy. Pour moi, sa présence est rassurante, réconfortante. Il fait partie de ma vie comme je fais partie de la sienne et je pense sincèrement que j'ai, vis-à-vis de lui, le même genre de relations que les parents ont avec leurs enfants. Je crois d'ailleurs que ce type d'interaction est nécessaire si l'on veut vraiment apprécier la présence d'un animal de compagnie. Plus on lui donne, et mieux il nous le rend.

J'emmène mon chien en vacances avec nous, parfois même mes chats. Le seul moment où les animaux ne nous accompagnent pas, c'est lorsque nous partons en moto. Sinon, j'avertis d'avance les hôtels où nous descendons, et il n'y a habituellement aucun problème. Le chien et les chats sont habitués – je pense qu'ils ont même beaucoup de plaisir à voyager. Puppy nous accompagne toujours dans nos randonnées tandis que nous laissons les chats à l'hôtel avec une note (et un pourboire !) pour la femme de chambre, lui demandant de ne pas laisser la porte entrouverte. Bien sûr, tout le monde n'est pas prêt à faire cela mais, pour moi, la question ne se pose pas parce que, si mes animaux sont absents trop longtemps, je m'ennuie d'eux, de leur présence. Et puis, pour tout dire, je ne suis pas capable de les laisser seuls ; les très rares fois où cela m'arrive, il faut quelqu'un pour les garder à la maison !

Les chiens nous aiment sans condition, avec nos qualités et nos défauts. Les chats sont plus indépendants ; ne les appri-

voise pas qui veut. Mais quiconque aime ces bêtes comprend parfaitement ce que je veux dire : l'attachement qu'ils nous portent,
pour ne pas dire l'amour, est totalement gratuit. Au fil des années –
et c'est pour ça qu'il est important de prendre conscience de la
durée du « contrat » lorsqu'on adopte un animal ; on ne s'en dé-
barrasse pas une fois qu'on s'est lassé – il se développe une étroite
complicité difficilement explicable à qui n'en possède pas. J'irais
même jusqu'à dire qu'un animal a une valeur thérapeutique ; je
sais qu'en parlant à mon chien ou en le caressant, je réussis à me
débarrasser de mon stress.

Oui, j'aime mes animaux – et je crois que cela a toujours paru. J'admets que cela puisse être difficilement compréhen-
sible pour les gens qui n'en ont pas, mais ces fidèles compagnons
sont une source de joie et de plaisirs inépuisable.

Voyager, c'est s'énergiser et apprendre

Plus jeune, au moment où je ne me consacrais qu'à
ma carrière, j'ai effectué plusieurs voyages. Cependant, c'était rarement – pour ne pas dire jamais – des voyages consacrés uniquement à la détente ; à cette époque, j'ai toujours jumelé départ et
travail. Je ne me permettais ces périples en Floride, au Mexique et
dans de nombreuses îles du Sud que lorsque ces déplacements
étaient rattachés à mon travail. Pour l'essentiel, toutefois, ces voyages étaient consacrés aux spectacles que je devais donner. Je ne dis
pas qu'il ne m'arrivait jamais de me promener sous un ciel enso-
leillé, ou de m'allonger sur une belle plage, mais ma préoccupation
n'en restait pas moins les spectacles que j'avais à présenter.

Pour moi, les voyages étaient tellement indissociables
du travail – même si j'y prenais plaisir – que j'ai même eu, pendant
un temps, un *chum* qui était chef d'orchestre. Cela me permettait

Quel que soit le pays où je me rends, je m'intègre à la population locale
pour mieux en apprécier les us et coutumes.

ainsi d'aller travailler sur des croisières... sans avoir de remords à l'idée de m'absenter quelques jours du Québec !

Aujourd'hui, mon mari et moi voyageons autrement. Nous voyageons, bien sûr, pour nous amuser et nous détendre, mais aussi pour découvrir de nouveaux pays, connaître de nouvelles coutumes, observer les gens, nous imprégner d'autres mentalités et d'autres façons de vivre. C'est devenu une grande passion.

Nous avons déjà beaucoup voyagé et nous avons l'intention de continuer : l'Australie, le Viêt-nam et l'Égypte me tentent. Je planifie sans cesse de nouveaux voyages parce que c'est devenu, pour nous deux, une grande source de plaisir et de satisfaction. Nous découvrons beaucoup sur le monde, bien sûr, mais

Préparer ses valises, c'est l'enfer !

nous découvrons aussi beaucoup sur nous-mêmes. Je pense que le fait d'être confrontés à différentes cultures et différentes mentalités nous permet d'apprécier, à sa juste valeur et malgré tous ses défauts, la société qui est la nôtre. Du coup, nous devenons aussi plus tolérants, au sens le plus large du mot.

Je crois que tout le monde, dans la mesure de ses moyens, devrait effectuer des voyages. Ils peuvent profiter à chacun.

La préparation du voyage – et du mari !

J'ai un drôle de mari – comme bien des femmes, j'imagine ! Aussi, la préparation des voyages est une aventure en soi. D'une part, je dois le prévenir de ne pas oublier de prendre congé de telle date à telle date, le lui rappeler à quelques reprises et me battre avec lui lorsqu'il évoque un possible contretemps ! Parce que, bien sûr, pour lui comme pour bien d'autres hommes, il y a cette pression de voir la date du départ approcher, l'impression qu'il n'aura jamais le temps de tout faire avant de partir et... qu'il ne pourra partir sans que le monde ne s'écroule ! C'est un aspect psychologique du départ auquel aucune épouse d'homme d'affaires n'échappe vraiment ni jamais.

Je n'en poursuis pas moins les préparatifs, je fais les valises en cachette, je choisis ce que je vais porter et les vêtements que je vais emporter pour lui. La veille du départ, il ne veut pas venir, avance mille prétextes et, le matin, je suis presque obligée de le traîner de force pour l'emmener à l'aéroport.

Ouf !

Quand c'est fait – je réussis toujours – la situation change du tout au tout à partir du moment où il est assis dans l'avion. La pression disparaît et il est tout heureux de partir. Il trouve excellent ce que l'on mange dans l'avion, l'hôtel est toujours parfait, les endroits que l'on visite magnifiques, les restaurants fantastiques. Bref, lui qui ne voulait absolument pas partir, profite pleinement de tout et de chaque instant. Il est curieux, se passionne pour les nouveautés et s'émerveille de chaque chose. Pour être sûr de ne rien manquer, il pose mille questions et se lance dans de grandes conversations avec un chauffeur de taxi qu'il devine pouvoir nous renseigner sur ce que nous devrions savoir, non pas comme touristes mais comme voyageurs, voire découvreurs.

Je ne suis pas la seule à vivre ce genre de situation. De nombreuses femmes m'ont déjà fait part du même problème. La solution ? Tout préparer : choisir ses vêtements préférés, faire sa valise, lui rappeler le départ trois jours à l'avance et... le traîner par la main le jour du départ ! Mais ne partez pas sans lui.

Les bagages à apporter

L'un des points cruciaux lorsqu'on part en vacances est ce que l'on apporte dans ses bagages. Je pars toujours avec beaucoup de choses mais, heureusement, j'ai si bien appris à les ranger que je réussis à tout placer dans deux valises, une grosse et une petite – il en est de même pour mon mari. La petite, qui est aussi habituellement la plus lourde, que je garde toujours avec moi, contient mes accessoires de toilette et les choses que je considère indispensables et qu'il n'est pas toujours facile de remplacer lorsque les valises sont égarées ou perdues. Je vous suggère de garder vos bijoux de valeur dans la petite malette qui vous accompagne partout. Bien sûr, on s'imagine souvent que ce genre de mésaventure n'arrive qu'aux autres. Fiez-vous à mon expérience : ce n'est pas le cas. Mais ce n'est souvent que lorsque ça nous arrive qu'on réalise tout ce que cela signifie... et coûte !

Se retrouver dans un pays étranger sans rien – absolument rien – pendant un jour ou deux, le temps qu'on retrace nos valises et qu'on nous les achemine, nous fait ressentir une impuissance désespérante. C'est sans compter le prix de cette attente : il faut au moins une robe ou un jean pour patienter, et les articles indispensables – de la pâte dentifrice à l'eau de toilette ; tout cela coûte cher et nous rend incapable de faire ce que nous voulions parce que nous ne disposons pas de ce que nous avions apporté. Et si l'imprévu dure trois jours pour des vacances de dix jours, voilà qui est suffisant pour les gâcher complètement.

C'est pourquoi j'accorde une si grande importance à cette petite valise.

Dans l'autre, la grosse, je place tout ce dont j'ai besoin pour être belle – parce qu'en voyage, je prends vraiment le temps de m'occuper de moi ; j'apporte une ou deux robes du soir

*Installez-vous confortablement et essayez de dormir
pour arriver en forme à destination.*

passe-partout, confortables, qui ne prennent pas de place, ne se froissent pas et qui sont d'entretien facile ; les accessoires qui l'accompagnent, quelques ensembles pratiques, un *jean*, un ou deux *t-shirts*, un peignoir léger et quelques maillots de bain.

Le plus important : informez-vous de la température qu'il fait à votre destination. Naturellement, le contenu de ma valise peut varier selon le pays ou le moyen de transport. Quand nous partons en voyage en moto ou en bateau, par exemple, nous disposons de moins d'espace, alors j'apporte encore moins de choses.

Voyager en avion

Voyager en avion peut être un grand plaisir ou un effroyable déplaisir, selon les circonstances. Mais il existe quelques règles de savoir-vivre qu'il faut connaître et que trop de gens ont tendance à ignorer. Par exemple, on ne devrait pas se déplacer sans raison dans les couloirs pendant le vol, car la liberté de mouvement est plutôt limitée, sans compter que chaque fois que vous vous lèverez, vous dérangerez votre voisin ; ne dérangez pas les agents de bord pour poser mille et une questions ; ne vous plaignez pas à eux de la piètre qualité de la nourriture, écrivez plutôt au transporteur à votre retour. En quittant l'avion, n'oubliez pas de remercier le personnel.

Si vous voulez être à l'aise pour le voyage, portez des vêtements amples, installez-vous confortablement et essayez de dormir. C'est d'ailleurs ce que je fais et, quand j'arrive à destination, quel que soit le décalage horaire, je me sens fraîche et dispose. Si vous n'arrivez pas à dormir, apportez un livre qui vous captivera, ou même un jeu de cartes qui vous permettra de faire des patiences ou de jouer avec votre partenaire. Avant l'atterrissage, rafraîchissez-vous. Le vol se passera comme un charme !

CHAPITRE TREIZE

EN CONCLUSION

JE NE VOUS RETIENDRAI PAS LONGUEMENT en conclusion puisque l'essentiel a été dit aux chapitres précédents, et que vous voudrez sans doute revenir à l'un ou l'autre, jeter un nouveau coup d'œil à certains propos ou essayer quelques-unes des petites recettes que je vous ai données...

Bien sûr – j'en ai conscience – j'aurais pu ajouter des pages, d'autres chapitres, aborder d'autres sujets, mais je crois avoir réussi, tout en respectant les contraintes d'un livre que je voulais voir offrir à prix abordable, à vous présenter cette philosophie de vie qui est la mienne et qui repose sur l'harmonie, l'équilibre et, comme je l'ai noté bien des fois tout au long de ces lignes, sur la discipline. Je crois aussi avoir atteint cet autre objectif que je m'étais fixé et qui était de vous entretenir de beauté mentale et physique et de vous livrer une foule de petits conseils et de trucs que je mets moi-même en pratique dans mon quotidien ; des suggestions qui, pour la plupart, vous l'aurez remarqué, ne coûtent pas cher et sont facilement réalisables. Je crois enfin avoir été à l'essentiel des préoccupations des femmes d'aujourd'hui.

Je ne peux cependant m'empêcher de rappeler quelques principes de base qui doivent nous guider lorsque l'on vise à atteindre l'équilibre pour être heureuse, bien dans sa peau et profiter pleinement de la vie.

✓ *S'observer*

Il faut bien connaître ses forces, reconnaître ses faiblesses et admettre ses défauts. Ce n'est que de cette façon que nous pouvons nous corriger et grandir. C'est vrai sur le plan physique et ce l'est tout autant au niveau des attitudes et des comportements.

✓ **Respecter les autres mais s'affirmer**

Ne faites pas aux autres ce que vous ne voudriez pas qu'on vous fasse, dit un vieux dicton. Il est toujours aussi à propos. C'est la base de toute relation interpersonnelle. Mais, attention ! Cela ne doit pas vous empêcher de vous affirmer et de défendre vos convictions.

✓ *Être prête*

N'entreprenez rien sans vous y être bien préparée. Attendez plutôt encore un peu si ce n'est pas le cas. Sinon, vous risqueriez d'échouer et de ne pas atteindre les buts ou les objectifs que vous vous étiez fixés. Ne faites donc les choses que lorsque vous vous sentez réellement prête. Vous aurez alors l'énergie et la volonté nécessaires pour aller aussi loin que vous le désirez.

✓ *Agir aujourd'hui*

Ne remettez pas à demain ce que vous devez faire aujourd'hui : livrez la marchandise ! En agissant de cette façon, vous vous ferez connaître comme une personne qui respecte ses engagements.

Ne jamais baisser les yeux

Je l'ai déjà dit ailleurs dans ce livre. Baisser les yeux, c'est abdiquer, renoncer. Lorsque vous parlez, discutez ou négociez avec quelqu'un, que ce soit votre conjoint, une relation de travail ou n'importe qui, gardez les yeux fixés dans les siens et attendez d'obtenir la réponse que vous vouliez.

✓ *S'émerveiller*

C'est la clé du bonheur. Être capable de s'émerveiller, quel que soit son âge – d'ailleurs, ce n'est pas une question d'âge mais bien d'attitude vis-à-vis de la vie. N'attendez pas les grandes joies ou les événements pour exprimer votre contentement, profitez de toutes les petites choses, qui sont autant de petits bonheurs de la vie. Elle vous paraîtra alors combien plus heureuse.

Mes petites pensées

En terminant, je vous offre douze petites pensées, une pour chaque mois de l'année, sur lesquelles je vous invite à vous pencher. C'est souvent dans de petites phrases comme celles-là qu'on peut trouver la motivation dont on a besoin.

On ne paie jamais trop cher le privilège d'être son propre maître.
RUDYARD KIPLING
écrivain britannique

*J'ai appris qu'on n'arrive à rien
en restant confortablement assis sur sa chaise !*
CONRAD N. HILTON
homme d'affaires américain

✓ *Si je vise le soleil, je peux frapper une étoile.*
P. T. BARNUM
fondateur du cirque Barnum

*Si vous voulez qu'une chose soit bien faite,
faites-la vous-même. Je fais tout moi-même !*
BENJAMIN FRANKLIN
homme politique et inventeur américain

*Ceux qui gagnent n'abandonnent jamais
et ceux qui abandonnent ne gagnent jamais.*
PIERRE BELLEHUMEUR
romancier français

Il est plus important de regarder où l'on va que de regarder d'où l'on vient.
CATHERINE PONDER
auteure

*Qu'un homme se fixe fermement sur ses instincts,
et le monde entier viendra à lui.*
RALPH WALDO EMERSON
philosophe américain

La vraie générosité envers l'avenir consiste à tout donner au présent.
ALBERT CAMUS
écrivain français

*Si votre énergie est aussi illimitée que votre ambition,
envisagez sérieusement de vous consacrer entièrement à vos projets.*
JOYCE BROTHERS
auteure

*Les deux facteurs déterminants qui vous permettront d'obtenir les résultats
que vous escomptez sont, premièrement, le désir, deuxièmement, l'espoir.*
BOB PROCTOR
homme d'affaires américain

Un voyage de mille kilomètres commence par un simple pas.
JACK E. ADDINGTON
écrivain anglais

Les grandes âmes ont de la volonté ; les faibles n'ont que des souhaits.
PROVERBE CHINOIS

TABLE DES MATIÈRES

Troisième partie
De choses et d'autres

ANNEXE

MES BONNES ADRESSES

LE CENTRE DE SANTÉ D'EASTMAN
895, chemin des Diligences, Eastman (Québec) J0E 1P0
Téléphone : (514) 297-3009

CLINIQUE DU DOCTEUR ALPHONSE ROY
1000, chemin Sainte-Foy, Québec (Québec) G1S 2L6
Téléphone : (418) 688-0822

JEAN-CLAUDE QUÉVILLON COIFFURE
3808, rue Saint-Denis, Montréal (Québec) H2W 2M2
Téléphone : (514) 845-0227 ou 845-0228

MADAME SIMONE VANDENBROUCKE
Spécialiste des pieds et des mains
Jean-Claude Quévillon Coiffure
3808, rue Saint-Denis, Montréal (Québec) H2W 2M2
Téléphone : (514) 845-0227 ou 845-0228

MADAME MYRIAM PELLETIER, COLORISTE
Jean-Claude Quévillon Coiffure
3808, rue Saint-Denis, Montréal (Québec) H2W 2M2
Téléphone : (514) 845-0227 ou 845-0228

INSTITUT LISE WATIER
392, rue Laurier Ouest, Montréal (Québec) H2V 2K7
Téléphone : (514) 270-9296

MONSIEUR RENÉ-JACQUES ROBIDOUX, COIFFEUR
Institut Lise Watier
392, rue Laurier Ouest, Montréal (Québec) H2V 2K7
Téléphone : (514) 270-9296

MADAME CAROLINE LORTIE, MANUCURE
Les Distributions Passion-Beauté inc.
150, rue des Forges, Trois-Rivières (Québec) G9A 2G8
Téléphone : (819) 694-0701

ALVARO COIFFURE
1185, rue Bernard Ouest, Outremont (Québec) H2V 1V2
Téléphone : (514) 274-3304

MONSIEUR YVES PEDNAULT, COIFFEUR
Alvaro Coiffure
1185, rue Bernard Ouest, Outremont (Québec) H2V 1V2
Téléphone : (514) 274-3304

LES CRÉATIONS JOSEPH RIBKOFF INTERNATIONAL
2375, rue de l'Aviation, Dorval (Québec) H9P 2X6
Téléphone : (514) 685-9191

MONSIEUR DANNY DI STAULO
Chaussures Semy
6683, rue Saint-Hubert, Montréal (Québec) H2S 2M5
Téléphone : (514) 279-1990

MONSIEUR DANIEL WINGFIELD
En Exclusivité, Coiffure
179, rue Principale, Saint-Sauveur (Québec) J0R 1R0
Téléphone : (514) 227-8344

CLINIQUE DE BEAUTÉ LYNE RICHARD
Maquillage permanent
400, rue Laurier Ouest, bureau 500, Montréal (Québec) H2V 2K7
Téléphone : (514) 276-2211

MARQUIS

ACHEVÉ D'IMPRIMER EN OCTOBRE 1995
SUR LES PRESSES DE
L'IMPRIMERIE D'ÉDITION MARQUIS
MONTMAGNY (QUÉBEC)